Manual del perfecto enf

Rafael Urbano

LICENCIA

PARA LA IMPRESIÓN DEL MANUAL DEL PERFECTO ENFERMO
Y CERTIFICADO DE LEGÍTIMA PROCEDENCIA DEL MISMO

DON ISAAC MORENO Y ÁLVAREZ, Doctor en Medicina y Cirugía, especialista en partos, CERTIFICA: que en la calle Imperial, núm. 20, y en la habitación más alta de D. Rafael Urbano, ha dado á luz doña Ironía Magnífica un hermoso libro que se llamará MANUAL DEL PERFECTO ENFERMO, y en tal estado de robustez que será de fijo la atención de los que le leyeren, y cuanto más le lean mayor verán el parecido que tiene con su padre Don Entendimiento, y nadie dudará de la legitimidad del fruto de unos amores que nacieron juntos y tan á gusto viven, con su tía Doña Observación Fina y su tío Don Buen Estilo, en la finca que el referido D. Rafael Urbano posee y tantos dolores de cabeza le cuesta.

El parto ha sido felicísimo; el reciénnacido se encuentra en la actualidad en las mejores condiciones para hacer reir y pensar al más neurasténico, y espero que dé pronto el ombligo, ó séase la segunda edición.

Del porvenir del chico puede asegurarse que será risueño; su fortuna cuantiosa y su suerte loca. ¡Como que ha nacido de pie!

Y para que conste á quien le leyere, y á petición de D. Rafael Urbano, por mediación de la antigua amistad y cariño que nos profesamos, expido la presente certificación en Madrid, á 16 días andados del ardoroso Julio de 1911, para que con toda tranquilidad ponga al citado niño, tras las primeras, segundas y convenientes pruebas, en relación con sus semejantes humanos.

Dr. Isaac Moreno.

CENSURA

É INFORME MÉDICO DEL LIBRO, POR EL DOCTOR D. ENRIQUE MATEO BARCONES, MÉDICO MAYOR DE LA ARMADA, A. DEL HOSPITAL DE LA PRINCESA DE ESTA CORTE, INDIVIDUO DE LA SOCIEDAD ESPAÑOLA DE HIGIENE, AUTOR DE VARIAS OBRAS MÉDICAS Y DISTINGUIDO OCULISTA Hecha gracia y merced á los deseos del cultísimo autor de este trabajo, para que pase por nuestra censura é informemos acerca de su sanidad é higiene, habremos de manifestar que, al no existir en él concepto alguno que venga en perjuicio del sano y buen prestigio de la ciencia médica, el informante, si no como bueno, por lo menos como fiel cumplidor de su encargo, en este caso de ser médico de mar y tierra, tanto civil como militar, aficionado higienista, y por último, concurrente asiduo á las veladas ateneístas, conviene á su compromiso hacer público que el presente libro, titulado MANUAL DEL PERFECTO ENFERMO, que ve por vez primera la luz de la publicidad por obra y gracia de su genial autor, reúne las condiciones de sanidad é higiene, tanto morales como materiales, que la ciencia recomienda; por lo que aconsejamos su lectura como saludable y abundar en sanitario léxico, que, á no dudarlo, proporcionará al curioso lector larga vida y á su autor abundante honra y no escaso provecho.

Madrid y Julio de 1911.
Dr. Mateo Barcones.

TASA

DEL LIBRERO É INTELIGENTE EDITOR

YO, DON FRANCISCO BELTRÁN, librero y editor en esta corte; vistos y examinados los nueve pliegos que componen este libro, titulado MANUAL DEL PERFECTO ENFERMO, original de D. Rafael Urbano, y teniendo en cuenta la calidad del papel, condiciones de los tipos y todas las particularidades que han entrado en la confección de esta tirada, asigno á cada ejemplar en rústica el precio de dos pesetas, que se consigna además, para pública garantía, en el lomo de cada uno.

Madrid y Julio de 1911.

ELOGIOS

AL AUTOR Y Á LA OBRA POR DIFERENTES INGENIOS

De D. CRISTÓBAL DE CASTRO, natural de Iznajar, eximio poeta y distinguido cronista, avecindado en la Corte.

Del Médico furioso al Perfecto enfermo.

Si no eres Par, tampoco le has tenido;

que allí donde al azar te presentares, fuerza será que todo mal curares con recetas de ingenio tan pulido.

Al milagro de Lázaro, el tullido, excederán los tuyos á millares,

que las muletas con que tú sanares son maderos del árbol del Olvido.

Médico soy, Enfermo que, perdido por la botica, salgo de mis lares, ofreciendo al holgar en sus altares mis estuches y bolsas de caído.

No puedo ser tu igual; que en este coro que se alza á tus proezas y á tu gloria, yo, Médico, tú, Enfermo, ya perfecto, miro asomarse por mi costa al moro.

Entrambos pasaremos á la Historia, tú Enfermo sano, y yo Médico yerto...

CRISTÓBAL DE CASTRO.

De D. ENRIQUE DE MESA, escritor y poeta, vecino de Madrid, excelente y enamorado cantor de la Sierra de Guadarrama.

¿Eres ave rapaz y carnicera que desgarra la podre y la carroña?

Eres pastor, que cura con la miera de un sutil humorismo nuestra roña.

Sobre la grey, que bala lastimera, es tu MANUAL cadencia de zampoña; es rabadán que evita en la telera de los hambrientos lobos la ponzoña.

Tú das á la amargura dulcedumbre, al dolor gusto y dejo de alegría, al frío del nevero, ardor de llama.

Yo sanara á tu enfermo allá en mi cumbre sin más drogas que el agua de Fuenfría y el aire del pinar del Guadarrama.

ENRIQUE DE MESA.

De D. ENRIQUE DE LA VEGA, fertilísimo ingenio de España, amigo y hermano espiritual del autor de la presente obra.

Al paciente lector

Lector: cuando te duela alguna cosa no llames á Calleja ni á Jimeno, y si algún niño tuyo no está bueno huye de Benavente y de Tolosa.

Si diera á luz tu idolatrada esposa nunca á Cortejarena muestre el seno; y no tengas á Azúa por galeno

en dolencia secreta y contagiosa.

Todo doctor que la salud me brinda me deja al fin con cara de Cuaresma.

Hazme caso; desprecia á Ezquerdo, á Grinda,

á Cortezo, á Barajas, á Ledesma...

Llama una vez á Rafael Urbano

y siempre vivirás contento y sano.

ENRIQUE DE LA VEGA.

De GIL PARRADO, donosísimo poeta, preclarísimo escritor y enfermo honorario.

Soneto

Gracias rinda á tu ingenio providente, ¡oh de Minerva ilustre ciudadano!, todo el que estuvo rozagante y sano y perdió esa fortuna de repente.

Gracias te rinde la ciudad doliente por esa guía del dolor humano,

donde nos vienes á decir, Urbano, que es preciso enfermar urbanamente.

Como autor de esas máximas discretas debemos colocarte, al practicarlas, por cima de hipocráticos profetas

y de esculapios de costosas charlas...

¡Que ellos son los que escriben las recetas y tú quien nos ayuda á soportarlas!

GIL PARRADO.

AL EXCMO. SR. D. AMALIO JIMENO Y CABAÑAS, DOCTOR EN MEDICINA, CATEDRÁTICO DE ESTA FACULTAD EN LA UNIVERSIDAD CENTRAL Y MINISTRO DE INSTRUCCIÓN PÚBLICA

Excelentísimo señor:

Si tuviera yo un título justo para acercarme á V. E., como cualquiera de los que tan bien conquistados alcanzan en este reino los que acuden á los centros docentes; si fuera, sin título alguno, uno de esos preclaros entendimientos tan abundantes en esta monarquía, que sin reconocimiento oficial de su saber, se adueñan de las disciplinas más elevadas y las dirigen y encauzan por nuevos derroteros para bien del progreso y de la patria; si fuera, en fin, nada más que amigo de V. E., al poner en sus manos este libro cumpliría un gratísimo precepto de amistad y de respeto; pero no haría, como hago ahora, por no ser deudo ni conocido de V. E., un obsequio y un homenaje, que ni es obligación ni deuda, sino el testimonio de una admiración sincera y de un profundo reconocimiento á su saber.

La licencia del meritísimo tocólogo que autoriza el nacimiento de estas páginas; la censura del ilustre oculista que las visara á su tiempo, y el prólogo que su excelencia el alcalde de esta corte, médico eminente, ha puesto á las mismas, han sido formas necesarias para llegar con ellas ante V. E. y poderlas ofrecer, como creo que deben ofrecerse, cuando el que hace el homenaje quiere hacerlo atendible y agradable.

Bajo un velo sutil y transparente, que, á las veces, de sutil parece roto, verá V. E. consignadas muchas observaciones que en la práctica profesional hacen todos los médicos y no pocos enfermos crónicos, doctores en medicina por obra de un padecimiento irremediable. No he apurado el tema, pero tengo la satisfacción de haber presentado en este libro los extremos más importantes de un problema social de los más curiosos y llenos de interés.

Dígnese V. E. de aceptar la dedicatoria de este libro y perdone el atrevimiento que he tenido de poner su nombre ilustre al frente de estas páginas. Es un fuero de la República de las Letras que permiten, toleran y consiente todas las Monarquías.

Rafael Urbano.

Madrid, Julio de 1911.

PRÓLOGO

El arte de padecer

Con verdadera complacencia acepté el ruego de Rafael Urbano para que honrase mi nombre poniéndole junto al suyo en este libro que ahora publica. En toda ocasión fuérame grato ir en la compañía de un escritor joven, animoso, digno de los primeros triunfos, ya logrados, y de los que motivadamente espera; ahora me alegra aún más el caso, pues por su mediación abro un paréntesis en mi actual vida, toda llena de prosaicas zozobras y de ásperas responsabilidades.

Un asueto administrativo se acepta con afán semejante al que siente el escolar por las vacaciones, y aprovecho la mía para decirle al lector algo de lo que me ha sugerido la lectura de estas conferencias rotuladas MANUAL DEL PERFECTO ENFERMO. Quien las comenzare á ojear no las dejará de la mano hasta concluirlas. De tan agradable manera están pensadas y compuestas. Si para todo se dan reglas en el mundo, justo es también poner en orden lo que atañe al sufrir. Muchos no se curan por no saber quejarse, como otros no suelen ser atendidos porque no son diestros para solicitar.

Debe haber un arte de la queja, del lamento: primero, para discernir bien cuáles son auténticos y cuáles fingidos; luego para que los auténticos logren interesar al médico que ha de evitarlos, sirviéndole de guía provechosa en el confuso laberinto del diagnóstico de los males. ¡Cuántas veces la torpeza en manifestar el dolor, la vanidad de hacerle menos intenso de lo que es en realidad ó el empeño petulante de darle resuelta explicación, conturban la serenidad del médico y le inducen á tomar equivocado camino, con lo que á la postre resultan: la enfermedad vencedora y el doliente sacrificado, cuando no suprimido!

Por lo mismo es vulgar en Medicina el dicho de que no hay enfermedades, sino enfermos. La enfermedad es una perturbación orgánica vista al través de un carácter. Para quien siente prurito de mostrarse valiente, el dolor nunca aterra; para el apocado, siempre es intenso; para el alegre, mata; para el taciturno, tiene visos de amigo á quien se recibe con agrado. El doctor debe separar de las quejas la hojarasca que corresponde al temperamento de quien las produce. Cada enfermo es un actor que representa á su manera el papel. Como el toque está en saber á punto fijo de qué obra se trata, conviene mucho prescindir de los detalles con que el artista exorna su parte, pues pueden sugerir errores de cuantía.

Además, este MANUAL ha de andar en todas las manos, porque todos, cual más, cual menos, estamos enfermos. Conste que doy esta noticia desinteresadamente, pues aunque soy médico no ejerzo y, por lo tanto, no busco aumento considerable de la clientela.

El estado de salud cabal es imaginario. Nuestro cuerpo es campo de pelea donde riñen constantemente contra las integridades orgánica y funcional los millones de enemigos que de continuo las acechan. Se llama salud á la situación corriente, durante la cual los microscópicos enemigos no logran imponer su energía sobre la de la Naturaleza. La paz absoluta no existe en nuestro cuerpo. A lo más, se goza una paz armada... de precauciones.

Y cuando llega la hora triste en que se quebranta el sosiego de nuestro organismo, es preciso que nos demos bien cuenta de lo que sentimos, para que nuestras explicaciones orienten á quien ha de curarnos, como los guías que preceden á los ejércitos sirven para señalarles la ruta que conduce á la victoria.

En cierto modo, y durante el tratamiento de una enfermedad, el paciente colabora con el médico. La perspicacia de éste influye en su mayor ó menor acierto; pero si el que sufre no ayuda al que receta, corre el peligro el primero de que el segundo no consiga aliviarle de penas.

Es el enfermo un libro, pero no todo lo interesante está en él escrito. No perder una sílaba es lo que importa, y por lo mismo se necesita de las explicaciones que da *el caso,* por lo menos para ahorrar esfuerzos al facultativo en la ímproba tarea de ir descubriendo el fundamento de los desórdenes que desea curar.

Siendo yo ayudante del insigne doctor Cortezo, visité con él á una enferma que, por ahorrar confesiones, nos puso en trance apuradísimo. La doliente era una señorita en la que se manifestaban todas las señales de una intoxicación de plomo, prolongada hasta el punto de producir la parálisis de los músculos extensores. Esto es *saturnismo,* decía Cortezo. Pero, ¿cómo se ha producido en una muchacha que vive en un hogar cómodo, sin riesgos semejantes á los que por la condición de su trabajo, sufren los obreros tipógrafos ó cuantos como ellos manejan plomo ó sus sales? Cortezo no cejaba en su diagnóstico, pero no podía explicarse por qué se había producido la enfermedad. En vano era preguntar con tal objeto á la distinguida enferma. Ninguna de sus respuestas esclarecían el fin de las preguntas. Por un azar se descubrió el impenetrable misterio. La señorita, que era morena, pedía á los afeites la blancura que le negara la Naturaleza, y con tal fin embadurnábase la piel con un cosmético que, analizado, resultó ser una sal plúmbica, causa de la intoxicación.

Aun después de descubierto en el tocador el tarro de la peligrosa pomada, seguía negando la señorita que se valiese del nefando menjurje hallado tras minuciosas pesquisas. ¡Que muchas veces, por rubores mal entendidos, por equivocados escrúpulos, suelen quienes padecen una dolencia, dificultar los trabajos de los que han de combatirla!

Así se explica que los médicos, si han de merecer el calificativo de excelentes, necesitan ser como nadie acuciosos. La misma condición de los estudios médicos da aptitudes singulares para apreciar intensamente los problemas de la vida. Se censura con acritud que en el trabajo de la existencia predomine el *abogadismo,* es decir, la tendencia á convertirlo todo en materia de debate, el propósito de resolver los problemas más interesantes por medio de discursos. En verdad que se debe preferir el *medicismo* en cuanto que equivale á desmenuzar el significado de los hechos, no desdeñando ninguno ni por baladí ni por inútil.

Quedamos, pues, en que una de las más transcendentales tareas del médico consiste en definir bien las relaciones que hay entre la enfermedad y el carácter de la persona que la sufre. Por eso el médico no es sólo el *físico,* según se decía antaño. Tiene que ser á la vez psicólogo y sociólogo; pensar mucho en el cuerpo, pero sin olvidarse del alma y sin prescindir del medio ambiente, no sólo en lo que á la materia atañe, sino en lo que corresponde al orden social.

Y claro es que una de las circunstancias de mayor cuantía para que los doctores puedan ser benéficos es la del concurso de los enfermos mismos. ¡Cuántos progresos de la Medicina se han iniciado por las precisas declaraciones de los pacientes! En cirugía el sujeto que sufre, cuando llega la hora de la acción, se entrega por completo al operador. La anestesia borra la energía del paciente y la asepsia concede al cirujano libertad amplia para manosear sin riesgo las vísceras más ocultas y delicadas. En buen número de casos de Medicina el profesor tiene que ir auxiliado por las advertencias, las quejas y los comentarios del enfermo. Sin la voluntad de éste difícil será que los medicamentos sean oportunos y eficaces.

La voluntad del doliente importa tanto, que el primero y mejor médico de un enfermo es este mismo. En cierto modo, la aprensión es útil; más vale en estos asuntos pecar por carta de más que por carta de menos.

Saber observarse á sí propio, vigilar el individuo el curso normal de sus funciones orgánicas, son sin duda recursos excelentes para no perder la salud, ó para ayudar á rescatarla una vez perdida. Si todos nos afanáramos para impedir los avances continuos de los enemigos que combaten contra nuestra normalidad física, los médicos tendrían menos ocasiones de emplear la ciencia que adquieren en cátedras, libros y clínicas.

Porque el toque está, más que en curar enfermos, en suprimir enfermedades. La Medicina en lo futuro será el arte de evitar los males que nos acarrean nuestros usos, nuestras costumbres, el remedio de las necesidades que sentimos, los vicios que nos solicitan, los extravíos á que nos arrastran las continuas tentaciones sociales. Es preciso conjurar los peligros que produce el continuo desgaste de nuestro cuerpo. Considerarse sano y descuidarse por ello, es imitar á quienes, creyéndose ricos para siempre, prescinden de la cuenta de sus ingresos y no regulan sus gastos con las rentas que los sostienen. Hay que pensar á toda hora en la quiebra que inevitablemente llegará. Cuando la caja está apercibida para un dispendio cuantioso y extraordinario, es seguro que la catástrofe final puede ser aplazada, salvo, claro está, el caso en que el *crak* surge sin que ningún poder humano tenga fuerza suficiente para evitarlo.

No son estas cosas de puro interés individual; importan también mucho á las colectividades. ¡Quién sabe si grandes acontecimientos históricos tuvieron por base molestias físicas sufridas por insignes personajes! Una cefalalgia pertinaz de un caudillo pudo contribuir á que se perdiese una batalla de la cual dependía la suerte de todo un pueblo. Un acceso hepático de cualquier rey, acaso cambió la faz de una poderosa monarquía.

Se dice que ciertos revolucionarismos destructores son manifestaciones morbosas de los pueblos. Por lo que se refiere á la salud de los individuos, no será en vano cuanto se predique el orden más completo. Son millares de millones los anarquistas miscroscópicos que andan por el interior de nuestros aparatos orgánicos, se introducen en nuestra sangre, se mezclan con el aire que respiramos, el agua que bebemos y los alimentos que ingerimos. La más diligente policía no basta para evitarnos dolorosas sorpresas. Por lo mismo, en el MANUAL DEL PERFECTO ENFERMO ha de figurar un plan de exquisita vigilancia para que no cumplan sus planes siniestros quienes á toda hora blanden el puñal del dolor, ó preparan las bombas terribles de las infecciones.

Bien ha hecho, pues, Rafael Urbano, escribiendo estos deliciosos artículos, que antes de ser publicados fueron leídos en la cátedra del Ateneo. Como el autor no es médico, sus advertencias, sus consideraciones, las originales ideas que enuncia, están despojadas de todo empalagoso dogmatismo. Sin duda, Urbano quiso lucir el ingenioso humor que ha dado á su prosa la buena fama de que disfruta. Pero burla burlando, su libro, además de ser agradable, ha de proporcionar utilidades indiscutibles.

Por lo pronto, cuantos lo lean reflexionarán acerca de los varios temas que en él se tratan, y ya ello representa una ventaja. Como los penitentes hacen examen de conciencia antes de la confesión, se debe tener hecho examen de los trastornos físicos sufridos para cuando llegue la hora de quejarse ante el consolador tribunal de la ciencia.

Además, importa mucho á quien padece ó haya de padecer, vestir sus lamentos con ropaje de simpatía. Hay quebrantos que mueven á ira en vez de sugerir piedad. Indudablemente algunos enfermos, por no saber quejarse, por ignorar el arte del lamento, por dar á sus pesadumbres aspecto repulsivo, agravan sus quebrantos enajenándose el apoyo de quienes pueden atenuarlos.

Por lo mismo, Rafael Urbano, que quiso escribir un buen libro, además de satisfacer su deseo, ha conseguido algo más. Ha realizado una buena obra: la de consolar al triste. Merecerán bien cuantos, tratándose de enfermedades y de enfermos, se aparten de lo tristón. A todos se nos alcanza que inevitablemente sufriremos enfermedades, y que alguna de ellas dará con nosotros en tierra. ¿Para qué subrayar esta indiscutible verdad con tétricos comentarios? Tomemos el asunto algo en broma, y preparémonos para recibir á las enfermedades como á huésped molesto inevitable; pero cuyas malas intenciones á veces se atenúan mediante nobles artificios.

Para gozar de los placeres del mundo se suele dar consejos; para los padecimientos físicos que nos amagan ó nos mortifican, no huelgan advertencias oportunas. Si ellas sirven de pretexto para lucir sobresalientes cualidades literarias, miel sobre hojuelas. Por lo mismo devoré yo las tres conferencias que componen este libro. Cada cual habrá de leerle á su modo, mejor dicho, interpretarle á su manera. Todos le saborearán como medicina capaz de curar el tedio, la más extendida de las enfermedades sociales. Esa medicina se llama Amenidad.

J. Francos Rodríguez.

EL AUTOR

AL LECTOR CONVALECIENTE DE OTRAS LECTURAS

Ahora que de verdad me encuentro entre tus manos, no tengo más remedio que decirte que por ti y para ti fué engendrado y concebido este librejo, lanzado primeramente como tres lecturas amables desde la docta, seria, tolerante y benévola cátedra del Ateneo de Madrid.

Aquel público, del que acaso has sido parte, me recibió con agrado y me pidió varias veces que publicase lo que con tanta complacencia había escuchado.

Aquí están las tres lecturas, y te las doy adornadas con todas las galas que has visto y has de ver en estas páginas, no para enorgullecerme yo, sino para honrarte á ti, para quien principalmente las he pedido.

Meterme de rondón por las niñas de tus ojos y ponerme frente á ti, cara á cara, con el gesto brutal y penetrante de un falso hipnotizado, no está en mi buena educación y respeto, ni podría, en tan lamentable olvido, hacerlo con esta desmedrada figura.

El librero é inteligente editor que ha tasado el valor de estos ejemplares, los ha puesto un precio que es equitativo y justo, que remunera su esfuerzo y que no perjudica á ningún hombre de letras, aficionado á lecturas, de los muchos que cuenta esta monarquía.

Si eres médico, te diré que para ti se ha escrito; si eres abogado, cura, periodista, funcionario del Gobierno, obrero ó un particular muy singularizado, también te diré que para ti. Es un libro para todos. En él verás tu parte, y desde ella, las ajenas no sólo las verás vecinas, sino muy próximas á ser tuyas, ya en propiedad, ya en usufructo de grandísimo beneficio. Porque en esto de las ideas ningún entendimiento es pejugalero, y es indiscutible y cierto lo que, hablando de la tierra, han dicho en otro tiempo los hombres: «nada es de nadie y todo es de todos».

El libro entero te pertenece; no por el dinero que has dado, sino porque á ti mayormente se dirige. Vicioso de un vicio nuevo que tiene cinco siglos de existencia, ni sano ni enfermo de verdad, estás á buen seguro convaleciente del *terrible mal de leer,* mal que ha concluido con la *funesta manía de pensar* y que termina con la fobia más horrorosa que se conoce contra las letras, designada actualmente con dos expresiones muy distintas, pero que indican la misma enfermedad: analfabetismo y *furor por escribir.*

A tu convalecencia llego y me pongo en tus manos para distraerte del mal que vas venciendo poco á poco, á lo menos por ahora, salvo la natural recaída que pueda esperarse por tu propia idiosincrasia.

Este libro es un libro para el lector convaleciente de otras lecturas, como otros libros que se engendran y confeccionan fuera, donde el mal de leer es mucho mayor que aquí, por la cantidad de lecturas y la cualidad natural de los lectores, menos impresionables que nosotros, pero más reflexivos y propensos á envenenarse con el octavo ó el cuarto menor de tres francos, que nosotros traducimos por catorce reales justos.

Un hombre de ciencia á la alemana, esto es, un hombre repugnantemente serio, hasta llegar al ridículo, se emborracha con lecturas uniformes del mismo lado como un majadero risible, hasta ser una lástima, se atiborra de otras lecturas vagas y amenas de un orden igual. Los dos se perjudican y se extragan como el que se embriaga con vino y el que adquiere un cólico de agua.

Este podrá decir al primero: «Es usted un pobre borracho»; pero el otro podrá replicarle muy bien: «Y usted un pobre tonto que se embriaga en blanco. ¡Falso beodo!»

En un justo medio está la virtud. Se puede seguir leyendo, pero con ciertas condiciones. El procedimiento curativo más excelente no es cortar de raíz la dolencia, sino encauzarla y dominarla hasta adueñarse de su dirección y desnaturalizar el mal. Un morfinómano que llegue á tomar grandes dosis de morfina por haber gradualmente podido soportarlas, si suspende de repente las tomas se envenena con peligro seguro de su vida; pero puede curarse de su vicio si prosigue ingiriéndolas en disminución hasta dejar de tomarla.

No quiero que dejes de leer, enviciado lector, pero sí proporcionarte un paréntesis en tus lecturas; así, para tu recreo y tu descanso ha sido concebido y engendrado este libro, donde, si eres grave, hallarás algo animado y regocijante, y, si poco reflexivo y observador, mucho que podrá llamarte á una reflexión y recogimiento, que provocadas de otra manera, para ti serían enojosas y para mí obra de petulante y de necio.

Aquellos que me consagran un poco de atención me consideran como un soberbio humorista, y es posible que se encuentren en lo firme; pero yo no me resigno á reconocerme así. Este libro no ha sido imaginado para hacer pareja con aquella soberbia y donosísima obra de Bruccioli titulada *Ciento ocho maneras de hacer dinero empleadas por una porción de repúblicas, de reyes y de emperadores, según los autores griegos, latinos y hebreos.*

No; yo sigo una broma hasta donde debe seguirse y aun algo más todavía; pero me agrada también un poco de seriedad. Por amor á lo profundamente serio no puedo sonreirme de este magnífico pensamiento del Zend-Avesta, que me ha inspirado este libro: «Si muchos médicos se presentan y uno cura por el cuchillo, y otro por las plantas, y otro, en fin, por la palabra divina, este es el mejor curador de todos los curadores.»

MANUAL

DEL

PERFECTO ENFERMO

EL ARTE DE QUEJARSE

1.—La realidad del dolor.—Su función elevadora y constructiva en la existencia.—Buddha y Epicuro.—Bienaventurados los que sufren.

2.—Construcción del sentido orgánico.—Cómo somos por dentro.—*Nosce te ipsum.*—La ignorancia del Yo.—Pretensión humana.—El hombre sabe sus ideas, pero se ignora á sí propio.—Los fenómenos reflejos.

3.—Siempre estamos bajo el dolor.—El placer es in consciente.—La belleza se basa sobre el dolor: la fealdad es un aviso.—El grito: el poder de los gritos en las ideas y en los sentimientos.—La blasfemia y el rezo.

3 Diciembre 1910.

SEÑORES:

Estas tres conferencias han sido concebidas para ofrecerse principalmente á un público menos sano que vosotros. Pero, pensando con toda seriedad y detenimiento en la esencia y contenido de las mismas, he decidido que no fuera así, para alejar toda idea de irreverencia y de impiedad.

Dar este brevísimo curso en un hospital habría parecido, por otra parte, no sólo una burla á los enfermos, sino también una censura á los profesores clínicos y una injuria terrible á las consoladoras profesionales que llamamos Hermanas de la Caridad.

Me traslado aquí donde no hay enfermos, donde los médicos suspenden su sacerdocio, si bien están dispuestos á prestar sus auxilios, y donde aquellas Hermanas no pueden ser ofendidas.

Tal como he concebido el tema y el desarrollo del mismo, no hay otro lugar donde explicarlo con más oportunidad que en este salón, donde se estudió el año pasado por distinguidos maestros la conveniencia de reformar la enseñanza oficial de las ciencias médicas.

Este curso es una contraprueba de esa urgente necesidad, tan divinamente expresada, en lo humanamente posible, por aquellos meritísimos señores que intervinieron en la contienda, en la discusión, si que os parece irónica la palabra.

Yo trato de señalar lo perentorio y urgente de la reforma del enfermo. Tengo para ello como títulos los repetidos y dolorosos experimentos de mi vida, todos mis dolores pretéritos y la terrible seguridad de sufrir más adelante. El más prestigioso de los médicos de Occidente me presta, además, para esta empresa, todo ese apoyo que buscamos los audaces y atrevidos en las citas que escogemos en las obras de un gran hombre. El padre Hipócrates, cuyo busto hace *pendant* con el de

Galeno en casi todas las farmacias, como el de Goethe y Schiller y el de Mozart y Beethoven sobre las mesas y pianos de nuestras modestas familias, el padre Hipócrates dice en el primero de sus célebres aforismos: «La vida es corta, el arte largo, la ocasión fugitiva, la experiencia falaz, el juicio dificultoso. No basta que el médico haga por su parte cuanto debe hacer, si por la suya no concurren al mismo objeto el enfermo, los asistentes y las demás circunstancias exteriores».

El enfermo, ¡ahí es nada! El enfermo es todo, absolutamente todo. Permitidme, señores, esta exageración; pero es la exageración necesaria para llevaros al tema que trato de presentar.

Se pueden falsificar las medicinas, y se falsifican también los mismos médicos, como se falsifica y se miente el arte de curar. Lo que no puede falsificarse es el enfermo. La simulación de las enfermedades—que parece contradecir lo que sostengo—es siempre una enfermedad desconocida.

No hay más que enfermedad por todas partes, y eso justifica y hace tolerable los específicos malos, el auge del curanderismo y la diversidad de escuelas y sistemas terapéuticos que aparecen cada día. Son medicamentos de enfermos, para enfermos; enfermos médicos para enfermos, y sistemas de enfermos para enfermos.

Una sociedad fuerte no pide para sí ninguna medicina: pide y exige un desarrollo del derecho civil, nada más que del derecho civil; y la medicina del derecho, que puede ser el derecho penal, se limita á ser un arte quirúrgico excelente, que sólo conoce dos ó tres procedimientos nada más.

La cirugía social de la revolución de Inglaterra y de la revolución francesa fueron muy limitadas y sencillas. La cabeza de Carlos I cayó bajo un hacha y la de Luis XVI bajo el cuchillo de la guillotina, piadosísima perfección eliminativa, hija de los desvelos humanos de Mr. Guillotin: médico.

Ha sido menester que la vida de los pueblos haya sido atacada en los dos polos de su actividad, la tranquilidad y la riqueza, para que apareciesen todas esas variedades de específicos sociales para remediar nuestras dolencias, que lanzan al mercado y al comercio de los hombres los economistas y los profesores positivistas de derecho penal. He ahí los remedios para todo: la contribución y la pena.

El dolor sigue, y el dolor del individuo, del hombre aislado, se ha generalizado y extendido hasta ser posible y justificable el soberbio título de la obra de Sebastián Faure: *El dolor universal.* No hay más que miseria y dolor por todas partes. Castro y Serrano definía el hospital como un falansterio del dolor, y hoy, escasamente un cuarto de siglo después de esa definición, puede definirse el mundo como un nosocomio universal. Todo sufre, llora, padece; todo está lleno de dolor. Hay enfermedades y enrarecimientos para todas las vidas y para todos los cuerpos. Los metales enferman y padecen según los experimentos y la experiencia de von Schroen; el profesor Johannsen, de Copenhague, acaba de aplicar con éxito el éter á las plantas enfermas, y son interesantes los experimentos realizados por el mismo sobre las azaleas. La universalidad de la dolencia y de la enfermedad ataca á todos los órdenes. En una empresa ferroviaria están sujetos al dolor los consejeros de la compañía, los jefes de las estaciones, los palos del telégrafo, los raíles del trazado, que pueden adquirir la martensita, y las mismas acciones y obligaciones que obren en la caja de caudales y en el mercado. En los organismos superiores, pasa igual. En todos los pueblos, y en unos más que en otros, enferman el régimen, las instituciones y las sociedades que sostienen. La preponderancia del elemento médico en la vida social es una demostración del hecho. Tres ó cuatro médicos han tenido que pasar por nuestro ministerio de Instrucción, y es probable que venga dentro de poco un cuarto[1], un médico ha sido obligado á coger las riendas de este municipio [2], y un médico trata de galvanizar ahora el teatro nacional [3].

Yo no quiero echar á reñir las facultades y las direcciones que toman los hombres para soportar la vida; pero me interesa consignar que ese terrible mal llamado el abogadismo, que han denunciado muchos hombres que no son abogados, no es tanto un mal como un obstáculo para la cura de nuestros males políticos y sociales. Ese abogadismo es la fuerza que opone el organismo social enfermo á la enfermedad que sufre, como el perfecto enfermo se resiste en principio á tomar la medicina que se le ofrece; es la última prueba que testifica al médico que la fuerza medicatriz del paciente ha desaparecido.

La pura y rotunda negativa á tomar el medicamento, es la denuncia de la salud que se pierde.

Un pueblo sano no hace más que derecho civil, nada más; y por eso, los pueblos enfermos, los que están delicados, para engañarse á sí propios y darse la ilusión de la salud, caen en el exceso de leyes, en la apoteosis burocrática y del expediente, creyendo fortalecerse y abrigarse, como el enfermo testarudo y terco, que rechazando á los médicos y tirando las medicinas, se quiere remediar diciendo á sus criados: «Fulano, tráigame usted otra manta; que se callen los niños; que no entre nadie...»

***

Nuestro dolor no es una adquisición del momento, ni nuestra enfermedad la hemos atrapado ayer ó antes de ayer al entrar ó salir de cualquier parte. Es una cosa ingénita y connatural con nosotros.

Creo que Claudio Bérnard definía la vida como una serie de fenómenos que resisten á la muerte; y definiéndola así, daba una admirable fórmula de lo que es cualquier existencia: una lucha terrible y enconada, donde la resistencia ó el dolor no puede desaparecer un instante.

Sobre el dolor se eleva todo; el dolor es, en efecto, lo más progresista y civilizador que se conoce y la fuerza más grande que coadyuva á la evolución de los séres: la única. Nuestra conciencia es un dolor del que nadie tiene más experiencia que nosotros mismos; es la única cosa que nos pasa á nosotros solos y de la que no podemos enajenarnos por nada de este mundo. El error humano de Buddha está precisamente en la lucha dolorosa y encarnizada que predicó contra el dolor, lucha que naturalmente no puede concluir sino con la dominación de la conciencia y la desaparición individual del hombre.

¿Para qué quiero ser sin saberlo? Esta terrible pregunta, fácil para el hombre que goza traumáticamente de los beneficios de la cultura actual, ha enquistado la religiosidad y la filosofía de los indos, reduciéndolas á ser un tumor poco peligroso todavía, por haberlo reducido á un órgano poco activo en la humanidad presente. La lucha contra el dolor y la dolencia, ampliando y cultivando el dolor y la enfermedad, es un fermento adecuado para cocer el pan religioso de cada hombre; pero no sólo de pan vive el hombre; y así, por encima de todos los dolores y dolencias que pueda experimentar el organismo, está el dolo, que introduce una de las partes que intervienen en el contrato. La naturaleza es mucho más pródiga y justa con los dolores humanos al facilitarles remedios para calmarlos, reducirlos ó acallarlos; que buenos médicos son los hombres para corregir el dolo que vicia el consentimiento en un contrato. El juez es un médico de dos.

Señores: no sé si habré logrado expresar, como deseo, la concepción que trato de imponeros sobre el mundo antiguo. El dolor, el daño y el dolo, son tres formas del cambio que han sido cultivadas por los hombres según la idea que se han formado de la existencia. El dolor ha sido una amplificación religiosa del movimiento, del cambio que rige las acciones de la vida. «No procures el dolor.» «Evita el dolor»; han sido así las prescripciones ó los tabús de los reformadores religiosos que, mirando á lo porvenir y á lo futuro, tenían que subirse sobre la carne y el cuerpo del hombre para buscar lo divino. En la vida puramente animal y preeminentemente fisiológica de los pueblos, el dolor físico es todo. El diablo es aún atormentador, el verdugo que los dioses han escogido como el alto ejecutor de las sentencias. El verdugo de la Edad Media y el verdugo que hemos alcanzado á conocer en nuestros días, era así un demonio degenerado, un enemigo al que podían imputarse todas las notas que distinguían á los diablos y demonios de todas las religiones.

Al tener preponderancia las formas contractuales convivientes, necesarias en la vida social, lo que más ha mortificado á los hombres no ha sido el dolor de la carne, ni las miserias del cuerpo; ha sido el engaño y el dolo, que vician los contratos y falsean la fe en la compraventa. Dios en Roma no era el perpetuo reposo que simboliza el Inda de los Vedas; el sacerdote romano no es el sacrificador-rey de los cultos primitivos, sino el definidor de lo justo. En la India, una asceta, antecesora de María de Magdala, cortesana también antes de su arrepentimiento, en un rasgo de piedad que no se apreciará ahora bastante, va de noche al muladar donde vive un pobre iluminado que ha perdido los brazos, que no tiene pies y que sólo conserva un torso enfermo, lleno de lujuria insofocable. Va allí la soberbia cortesana y le regala el tesoro de su cuerpo, calmándole el dolor. Cuando esta mujer llega al juicio de los dioses, logra la salvación é inmortalidad arrojándose materialmente toda ella sobre uno de los platillos de la balanza, que pesa más que todos los dolores que ha producido en su vida. El librependi romano es menos que un dios, pero es todavía un delegado suyo. No pesa ya los dolores y miserias de los hombres, pesa únicamente los signos del crédito y de la fe, y exige con la espada la moneda que falta para llegar al equilibrio. A los filósofos estoicos se les dejaba el cuidado y remedio de los dolores; las funciones augustales se cuidaban de remediar el dolo únicamente, sin preocuparse del dolor físico, que iguala á todos los hombres. El precepto romano *altere non ledere* fué antes que nada, y sobre todo, la forma necesaria para que una sociedad positiva se informase del verdadero dolor que perjudica á la agrupación: el fraude.

Entre el remedio al dolor aconsejado por Buddha, y el enseñado por el divino Epicuro, la Humanidad ha encontrado más humano la prosecución del placer y de la dicha que el renunciar á la personalidad. El dolor físico, la enfermedad; pero,

¿es que son remediables por ventura? Sobre ellas tenemos que caer con harta frecuencia, y en nuestro escenario personal y subjetivo; no hay otras obras clásicas á las que echar mano cuando la producción moderna nos cansa. Epicuro insultaba á Aristóteles porque vendía medicamentos, según cuenta Diógenes Laertio en la *Vida de los filósofos.* ¿Es posible que un hombre que buscaba el placer cometiera semejante inconsecuencia? Sí, porque el placer que buscaba el gran Epicuro, tan deshonrado é incomprendido por los estudiosos y comentadores, no era esa ausencia de dolor que se disfruta con frecuencia en la vida, sino esa ausencia de dolor, que siempre alcanzan algunos hombres sobre la tierra.

El que sólo puede sentir y afectarse por el dolor de la carne, bienaventurado es. ¡Dichoso yo mil veces si sólo me atormentasen las bárbaras y terribles pirosis, acedias y dispepsias, que me calmo con el tan reconocido y popularizado bote de bicarbonato! Los dolores más terribles para nosotros se calman y aminoran por mil procedimientos; y cuando ninguno sirve, la pérdida del sentido vence al dolor, precipitándonos en la muerte. ¿Pero qué éter, qué morfina, qué cloroformo podremos oponer al doloroso dolo del fraude, del engaño y del error?

El mal está vencido. No ha sido el triunfo del derecho romano lo que ha impedido la entrada del budhismo en Europa; ha sido el descontento de los mismos servidores del budhismo el que ha acabado con él, imposibilitando su entrada en la civilización occidental. Sin esos servidores descontentos habría entrado, porque á pesar de ellos el cristianismo ha infiltrado una parte de ese mal en la vida. El exceso de leyes arruinó á Roma; pero ese exceso fué producido por la dolencia y la enfermedad de la decadencia que produjo en el mundo antiguo la resolución del tumor judaico.

Hasta el año 1830 era posible la regresión al budhismo más ó menos hebraizado por la Sede Romana: la última manifestación de la trimurti, reencarnada idealmente en Samuel Guthrie, de New-York, en el barón Liebig en Alemania, y en M. Soubeyran en Francia, dando á conocer el cloroformo en 1831, realizó para todos los hombres la fácil adquisición de un nirvana consolador, con la indecible ventaja de poder regresar desde él, acabando con la amenaza del misticismo oriental, relegado para los ricos sin títulos y para los *globetroter,* que toman lo genuino de los pueblos como materia para un museo.

Esos divinos alcaloides, que han imposibilitado nuestra regresión á una cultura inferior, han imposibilitado también la aparición de un reformador religioso, que de otro modo, por la aparición cíclica con que han venido apareciendo, debía haber surgido hacia el año 1860 ó 1865 del siglo pasado. Juan Carlos Teodoro Pravaz impidió en París por esa época la aparición de aquel hombre. La jeringuilla de Pravaz, cargada con una pequeña cantidad de morfina—la morfina que obtiene en 1816 el divinísimo Sertürner—ha puesto la salvación en nuestras manos.

Se ha vencido el mal. Hemos comprado la retirada de los avares y el precio que hemos dado á los Bárbaros, bastando para sus necesidades, no les hará volver á nuestras tierras.

La retirada no ha sido obra del siglo pasado; ha sido la obra de toda la Edad Media y del Renacimiento, encargados de alterar el Cristianismo y de volver sobre los pasos del positivismo romano, y sobre todo del helénico y del egipcio, tan desconocidos todavía.

La recolección de los simples—que efectuaban las brujas y hechiceras—ha tenido el resultado que adivinaban aquellas santas y maldecidas mujeres. Las solanáceas ó consoladoras, de virtudes cultísimas y ocultas, han subido á la superficie, y sus hijos directos son esos alcaloides divinos que abren y fuerzan las puertas de los paraísos artificiales, donde se sufre sin sentir y se padece sin conciencia alguna.

Los progresos médicos son más grandes de lo que imagina el vulgo. Tocado éste de la reacción que trabaja contra el verdadero progreso, sigue diciendo y lo dirá mucho tiempo: «La cirugía ha progresado muchísimo; pero la medicina sigue en el mismo estado.» La contestación que han querido dar los débiles y sensibles á tan aventuradas palabras, ha sido revestir sus enseñanzas con hábitos religiosos y sagrados para que se les concediese las gracias del adelanto y del progreso. La hidroterapia del cura Kneip se difundió así como una locura religiosa, como ocurrió con el burquismo, y con la terapéutica hannemanniana, la religión médica más económica, y por lo tanto la más aceptada en la parte periférica de las grandes poblaciones, donde pueden vivir esos consultorios y realizar una obra de caridad, aunque no de perfecta salvación.

    ***

El enfermo. ¿Y el enfermo?

Vamos á él.

La sociedad enferma ha sido objeto, y lo sigue siendo, de los sociólogos socialistas y anarquistas. La mayoría de los libros, folletos y artículos de periódicos que ha catalogado, por ejemplo, el Sr. Nettlau, en su soberbia y colosal bibliografía anarquista, se ocupan de este asunto. La nosología es fácil cuando se trata de grandes organismos; la conciencia y sabiduría de la dolencia ahorra un tiempo precioso al médico, que puede llegar á la cabecera del enfermo como un interventor necesario. En el individuo humano y en los organismos inferiores, la dificultad procede del paciente. Las sensaciones de sentido orgánico pasan inadvertidas para la mayoría de los hombres, que tienen, á lo más, una vaga idea de su estómago cuando el agua les *cae como una piedra,* ó cuando el pan *se les va por otro sitio.* Mientras nosotros no nos sepamos, nadie podrá sabernos lo suficiente. Así como el hijo educa á la madre, según la admirable y profunda observación de Michelet, el perfecto enfermo es el que hace á su médico. Un buen doctor, por extraño y extraordinario que parezca todo esto, es el resultado de los mejores y más magníficos casos clínicos que puedan darse. Las enfermedades que han padecido los mismos médicos, son las mejores tratadas y conocidas, y aquellas donde se encuentran los más provechosos estudios para la especie; hasta que no las han padecido esos ilustres enfermos, no las ha padecido nadie, y á ellos les cabe la gloria del descubrimiento y descripción de esas Américas de dolor. El avance y el progreso de la higiene es obra de ellos, y se lleva á efecto sin desmayar un instante por el gran número de interesados que hay en ello. Interesando á mayor número, el progreso será mayor; é interesando á todos, el progreso será total.

Y aquí no tengo más remedio que tocar el problema y la cuestión de la enseñanza profesional de la medicina. Bien, muy bien; todo lo que se dijo en esta misma sala por los ilustres señores que terciaron en el debate para esclarecer el asunto. Yo, que oí algunas sesiones, estuve tentado de levantarme y decir: Bien; ¿y á quién van ustedes á curar? Aparte de los medios de crear buenos médicos, hay la urgente necesidad de crear buenos enfermos. Este problema se ha puesto tan mal, como el del servicio militar obligatorio. La implantación de semejante servicio, idealmente y de primera intención, sin profundizar mucho, es excelente, magnífica, muy justa. Hay hasta muchos socialistas cándidos que sufren procesos y persecuciones por pedir y defender eso, como si fuera la conquista de los fondos del Banco de España. ¿Pero no sería mejor, más barato, más equitativo y de mayor utilidad positiva la enseñanza militar obligatoria, así en la escuela municipal como en el seminario y en la misma universidad? Seguramente sí; con la ventaja que á la falta de ideales de asociación y de solidaridad que hay en todos esos centros, y á la ausencia de una enseñanza moral técnica y exclusiva, podría oponerse, con gran resultado, el espíritu de disciplina y compañerismo, que sólo está en la milicia ó en la asociación proletaria los dos primeros días de la huelga.

La mayoría de los enfermos están atacados de una enfermedad en su cultura. No se conocen por dentro, no saben de sí mismos una palabra, y cuando creen saber algo propio, están acrecentando su mal, como el neurasténico que escribe el diario de su dolencia.

Y es, señores, que en la vida social hay tres ó cuatro cosas que labran nuestro infortunio por la tontería que las preside: la idea de ser más justos que nadie; nuestros conocimientos médicos, y nuestras irremisibles necesidades. La suprema ignorancia en que vivimos, sobre lo que más nos pertenece, nos acarrea más de la mitad de nuestros sinsabores y todas nuestras dolencias. El gran perturbador del mundo griego, el mayor decadente y el co-causante de la ruina de Atenas, Sócrates, al desnaturalizar la sentencia del templo de Delfos, *Conócete á ti mismo,* circunscribiendo, como buen mixtificador y corruptor de los jóvenes, á una acepción muy limitada la máxima, la redujo á un consejo moral, despojándola de la dignidad enciclopédica y universal, que hoy quieren ver en ella los admiradores del perjudicial sofista. Es menester conocerse por entero, completamente. No hay derecho á la salud de otra manera, ni puede vindicarse de otro modo un médico excelente para nuestra dolencia. Todo el mundo, misterioso de los fenómenos reflejos, desconocido por el vulgo, es todo un mundo lleno de sirenas, que tratan de desviar al médico del puerto de arribada.

***

«No se debe edificar casa—dice el divino Hitopadesa—donde no hay todas estas cinco cosas: un rico, un brahman sabio teólogo, un rey, un río y un médico.» Un resto de esta enseñanza es observado aún por muchas personas que no se atreverían á vivir muy lejos de la casa de socorro del distrito ó de una oficina de farmacia. Entre las supersticiones de nuestros propietarios, existe la de que da muy buena sombra alquilar la planta baja á un boticario; y la práctica de las cosas da razón al supersticioso, ya por la conveniencia del sitio ya por otras razones que no seria difícil encontrar, pensando un poco en la cosa. Las condiciones exteriores y superficiales para estar sanos, por lo general se cumplen divinamente en lo humanamente posible; pero no pasa de ahí todo el esfuerzo de la humanidad doliente.

La equivocación de considerar el dolor como algo negativo, como algo que no es nuestro ni natural, nos lleva á errores mayores en todos los órdenes de la vida. Uno, sobre todo, es considerar el placer como algo positivo y consciente, sin parar mientes en que estamos de continuo dándonos trazas para conseguirlo, sin satisfacernos por completo. Cuando el estético Schiller lanzaba al mundo de los sabios y filósofos su famosa teoría de lo sublime de mala voluntad, el tradicionalismo romano puso el grito en el cielo, después de haber dejado pasar aquella máxima de La Rochefoucauld, que dice: «Hay héroes lo mismo en el bien que en el mal». El dolor y la belleza se ofrecían divorciados y no podían considerarse como concurrentes á un fin cualquiera. Todas las obras del entendimiento humano consideradas como bellas, llevan, sin embargo, el sello del dolor, y por esa ejecutoria las diputamos humanas. Las mismas bellezas naturales, donde el hombre no pone más que su presencia, sujeta por la admiración del fenómeno, tienen ese dolor para que las admiremos; se lo ponemos nosotros mismos. Y no puede haber nada sublime sin que sea un peligro para el hombre, si lo toca con la punta de los dedos: el sol, el mar, la montaña, el fuego. La belleza encierra algo más, y por encerrarlo es por lo que la consideramos sin dolor alguno en su seno; la belleza es un aviso para la salud y la sanidad, así como la fealdad y lo deforme es una prevención y una advertencia para el peligro. «¡Cuidado con ese hombre, que es muy feo!»

Podemos decir, pues, que todo el valor moral y constructivo de la prudencia ha tenido que simbolizarse así, admirablemente, en el reflejo de nuestro rostro, en el espejo que ha de llevar por fuerza el símbolo y expresión de esa virtud. «Hoy no estás mejor; estás más pálido, más delgado. Se revela en tu cara un cansancio que no es nada agradable, porque parece transmisible y contagioso». He ahí la revelación del espejo y la enseñanza más aceptable que puede recibirse, porque viene sin testigos, sin humillación ni conocimiento de tercero. La prudencia os digo que es, en verdad, la mejor consejera y maestra de la vida que han podido proporcionarse los hombres; por eso acaso la vemos en todos los pueblos y en todas las religiones armada con la mejor y más fiel de las balanzas, colocando en el platillo del peso la exacta reproducción de la que tiene que equilibrar.

***

No se debe gritar demasiado; hay que moderarse en lo posible para no descomponer nuestro continente y perjudicarnos con una acción inútil.

La ataraxia ó impasibilidad que predicaban los estoicos, no era tanto una enseñanza moral como una enseñanza estética, estética, sí; pero llena de verdadera salud y sanidad, como toda la obra bella, cualesquiera que sea su presentación externa y el medio donde se revele.

Un grito agudo, cuando el dolor es fuerte, está completamente justificado y hasta debe darse poniendo la intención de arrojar el dolor al exhalarlo; mas no debe hacerse, es intolerable, contagioso y como tal revertible al punto de partida. Un grito es una vaciedad mental con todas sus consecuencias. Hablo del grito que no puede llamar ningún filólogo, aunque sea bascófilo, exclamación ó interjección. Me refiero á ese grito que es una resurrección del primitivo y del salvaje que llevamos encarcelado y dormido dentro de nosotros, en el infierno de nuestra conciencia. Las condiciones de la arquitectura moderna, sobre la que ya repetidas veces os he llamado la atención, nos prohíben en absoluto un grito que podría darse si viviéramos en el campo ó en una casa solariega, alta de techo, de habitaciones amplias y despobladas de muebles. En el cuarto de al lado hay seguramente un vecino; un pariente inmediato tendrá que reposar en la habitación próxima y no podrá hacerlo, como ninguno de nuestros deudos.

Yo he oído, y vosotros también seguramente, estas terribles palabras que con frecuencia dicen los individuos de la familia del enfermo al médico al despedirle de la visita:

—¡Ah, sí, señor; el pobrecito sufre muchísimo! Nos ha dado una noche horrible. Si pudiera usted darle alguna cosa para que se calmara, haría usted una verdadera obra de caridad...

Una consideración sobre la dolencia, el trazado mental del perímetro del dolor y el esfuerzo por reducirlo todo lo posible, serían más convenientes y provechosos que esos gritos descompasados que desasosiegan el ánimo, agrandan la jurisdicción morbosa é infestan el sistema nervioso.

El grito es una cosa para los demás; no hay en el grito nada para el que lo lanza. Gritar es despojarse de algo, por lo menos intencionalmente. Tanto agrada al hombre la sociedad con sus semejantes, que al cerciorarse de su soledad se resigna al dolor y calla. El abandono en que aparentemente se deja en algunas casas de salud á los enfermos, se hace sistemáticamente atendiendo á esa razón, vigilándoles con muchísimo cuidado hasta hacerles creer en un abandono que no existe. El resultado de esta práctica, que no debe divulgarse, en beneficio de los enfermos, es excelente. Los enfermos adquieren más fortaleza y soportan mucho mejor la intervención quirúrgica, cuando el caso lo requiere, sin necesidad de la cloroformización previa.

Esta resignación es la forma necesaria que tiene que tener el rezo en las personas desprovistas de creencias religiosas y de atenciones de familia. La oración no es más que un grito ahogado por un dolor que no queremos comunicar á los demás, un punto de reposo del que necesariamente se sale mejor que se ha entrado. Muchos librepensadores tontos, en presencia de esas personas piadosas que con ánimo sereno entran en el dolor y rezan para soportarlo, y vuelven de su pena más confortadas y tranquilas, dan al traste con toda su libertad mental y caen en el más ridículo misticismo, con la horrible desventaja de no saber rezar á tiempo. Les habría sido mejor descargar su conciencia con un puñetazo rotundo, para lograr el mismo efecto en su temperamento y carácter tumultuoso.

Es lo mismo rezar que maldecir. Lo disolvente de esta afirmación está en no interpretarla como es debido, y en olvidarse de la perturbación que hay en la oración y en la blasfemia. En ambas cosas se trata de adquirir una voluntad ó una energía que no se tiene. Creo que lo he dicho ya otra vez: la blasfemia es mala porque es una oración muy corta, en la que se piden á Dios muchas cosas con muy pocas palabras.

El Señor de los cielos, más tolerante que los hombres de la tierra, sabe demasiado lo que quiere el carretero que blasfema y la mujer que reza. Y Dios, como progreso, ha castigado esos caminos llenándoles de hierro, hundiendo las blasfemias bajo los raíles, suavizando las pendientes y haciendo desaparecer al deslenguado. Por obra exclusiva del adelanto, cuando haya una comunicación más fácil entre los pueblos, y en mejores condiciones dentro de las urbes, habrán desaparecido las blasfemias. Hoy las consiente acaso Dios para estímulo de los ingenieros.

No se debe gritar: el quejido debe ser moderado, teniendo en cuenta los asistentes, el lugar de la acción y la naturaleza del padecimiento. La distancia á que se halle el médico es un factor que debe tenerse en cuenta, y ésta puede computarse siempre según la cultura y capacidad de los que nos rodean. Si el médico vive al lado, pero estamos rodeados de idiotas ó de personas incultas, ancianas, desvalidas, es como si el médico estuviera á mil leguas de distancia; el grito es una necesidad y hay que gritar bien.

Lo que no debe hacerse nunca, habiendo conseguido la asistencia, es quejarse molestando á todo el mundo.

Creo que principalmente para esos pacientes recomendaba Nietzsche la asistencia de unos médicos que les persuadieran que debían morirse pronto.

II

EN LA VÍA DOLIENTE

1.—El médico es nuestro cura.—El recuerdo y el re lato del dolor.—La verdad, toda la verdad.—Los hechos han de referirse como si fueran ajenos, con descuido que facilite la psicología del caso.

2.—¿Hemos de llamar siempre al médico?—Compra dores de salud y de conocimiento.

3.—El médico no es un contratista de obras.—El paciente contribuyendo con su dolor á los progresos del mundo.—La divina zarzuela.

10 Diciembre 1910.

SEÑORES:

Con su galana y pictórica palabra mi amigo Federico García Sanchíz os ha descrito, posteriormente á mi primer conferencia, los sufrimientos de un fauno, de un hombre real, sin embargo, que pedía, en nombre de la vida y de la dicha, la vuelta á la naturaleza y la efectividad de la más imperiosa necesidad urbana: la Ciudad Lineal [4]. Una ciudad de nacimiento; pero de nacimiento á la moderna, como podría construir una un niño avisado, de nuestros días, que intercalara entre las toscas figuras de un Evangelio de barro, esos tranvías, esos barcos y esos ferrocarriles que, para juego de los niños de Europa, construyen con tanta perfección y sufrimiento los pobres alemanes que se niegan á emigrar de su pueblo.

La enfermedad general que padece la mayoría exige esa transformación de las urbes, volviendo nuevamente á edificar las ciudades sobre los campos, de una manera más real y positiva que en la actualidad se edifican. Yo puedo aseguraros que esa neurastenia que no padecen los grandes pensadores, los grandes dramaturgos, los grandes ingenieros, los grandes economistas y los grandes bailarines de Londres, según creo haber oído á Ramiro de Maeztu, y que en España padecen casi todos los imbéciles, es una enfermedad de la ciudad, que sólo en la ciudad puede darse. Londres no es una ciudad, es una nación reducida, cuya capital es la City, á la que acuden de *les environs* sus seis y pico millones de habitantes— más de un todo Portugal ó una toda Noruega—á vivir unas horas de enfermedad y de dolencia, que se remedian por la facilidad de regresar al punto de partida. Los *chalets á bon marché* que rodean á París, los pintorescos alrededores de Berlín, y el ensanche racional de Barcelona, libran á esas capitales de los cien mil neurasténicos que en Madrid se han de posar sobre una plancha del alumbrado para tomar en los pies una resina que no existe, para tirarse á un trapecio imaginario.

Nuestra capital es una ciudad, y tiene como ciudad la neurastenia por enfermedad endémica y peculiar; un paludismo sin humedad y sin pantanos. El remedio más conveniente para todo nuestro mal, para cualquier enfermedad que padezcamos—y me refiero siempre al enfermo urbano, al enfermo en la ciudad, enfermo perfeccionable y enfermo de más cuidado que el enfermo del lugar ó del villorrio—el remedio más conveniente para ese enfermo, consiste siempre en sujetarle á unos ejercicios espirituales cerca de la naturaleza: los aires del país, los baños de mar.

Un perfecto doctor, me imagino que obra como un buen sacerdote al recomendar esos ejercicios, y que ha pensado y piensa en el alcance de su consejo. Tomar los aires natales no significa para el provinciano enfermo el disfrute de una licencia para cambiar radicalmente de vida. Semejante récipe no es una de esas fórmulas felices que tiene con frecuencia que recetar el médico para evitar una explicación muy larga y que había de discutirse. «Vaya usted á un pueblo» no puede traducirse por todos estas palabras dirigidas al paciente: «En un pueblo no continuará usted trabajando en sus negocios; en un pueblo no podrá usted ir al teatro, al café, al círculo; en un pueblo no recibirá usted todos los días los periódicos de Madrid; en un pueblo no verá usted á sus amigos de aquí; en un pueblo no comerá usted como en la corte, ni destrozará su estómago con la cerveza y el alcohol de la ciudad...» No; todo eso se logrará, en efecto; pero el verdadero sentido de la receta ha sido sencillamente el que puede expresarse en estas indicaciones: «Incorpórese á lo divino; haga ejercicios espirituales cerca de nuestra madre la naturaleza.» La indicación balnearia tiene una versión semejante, aunque, en casos muy frecuentes, se ofrezca como un armisticio ó una suspensión de hostilidades entre el médico y el enfermo, para esas inteligencias retrasadas en el siglo XVIII con su volterianismo de Holbach y su crítica á los médicos, vistos siempre en ridículo, apuntando con gravedad de artilleros tras los formidables y espantosos artefactos que el ingenio creara para el arte de curar.

Esos récipes son verdaderas admoniciones morales, pues si fueran verdaderas indicaciones médicas, bien podrían sustituirse, en muchos casos, con seis botellas vacías enviadas desde el fondo de la provincia, ó con un poco de sal común diluida en el agua para la mesa.

Nuestro médico es nuestro cura moderno, digan lo que quieran los redactores de sucesos, que se imaginan efectuar el único sacerdocio autorizado en nuestros días.

Para el vulgo, que vive intelectualmente entrampado, recibiendo á crédito todas las ideas, el médico es un cura más que le da una fe determinada para sobrellevar la vida; pero, para la pretensión intelectual, el médico es el único cura que subsiste de todas las creencias y asentimientos que ha destruido. Á los demás hombres, el hombre libre, no les presta consideración alguna, ni les ofrenda su fe. Otro hombre, por excepción, podrá merecerla en determinados casos; pero es porque se le ha elevado entonces á la categoría de médico, ó porque se le adivina como un gran sacerdote para el día de mañana. El prestigio de los médicos cerca de los reyes ó de los pontífices, sólo puede contrarrestarse por el que otorgan á veces á sus barberos. Salir sano de una enfermedad sólo puede compararse á salir embellecido y limpio de las manos de un peluquero, que nos ha corregido y perfeccionado como nosotros queríamos.

Los padres que nos ponen en la vida, las nodrizas que nos sustentan y los maestros que nos enseñan, no reciben jamás esos premios extraordinarios que concedemos á un barbero que nos ha embellecido. No queda memoria alguna de los progenitores de nuestra raza; pero sabemos, en cambio, que Papirio Papiano ha sido un bilbilitano ilustre, por haber llevado á Roma el arte de rasurar y embellecer el rostro.

Esta exaltación es necesaria; atestigua que el hombre es agradecido y debe reconocerse que de igual modo premiara á sus padres, á sus nodrizas y á sus maestros, si la salud de su cuerpo no se resintiese nunca ó jamás le apuntase la barba.

Sobre todas las chanzonetas de los sanos, que no necesitan médico, y de la autocracia kantiana, que cree bastarse á sí misma como el único fenómeno intelectual digno de tenerse en cuenta, está esta debilidad humana que nos hace reconocer en el médico algo más que un hombre de ciencia y poco menos que un enviado divino. La condición médica del reformador y del superhombre es lo que le pone en actitud de adquirir un discipulado que, como todos, es una clínica experimental, necesaria para el progreso de la especie y el saber de los hombres. Juan Pablo Marat habría llevado la revolución francesa á términos que no pudo llevarla un leguleyo como Robespierre, que la precipitó en el terror. El Terror mismo ha sido menos terrible de cuanto nosotros creemos, porque sus victimas estaban familiarizadas con la muerte, y abandonaban la vida con la misma embriaguez con que ciertos enfermos crónicos reclaman una dosis final de morfina para acabar con sus males. Jamás la verdadera vida ha tenido una ponderación más elevada como en la época de la Revolución Francesa, ni ha muerto filósofo alguno, á excepción de Miguel Servet (un médico por cierto), como murieron aquellos realistas y aquellas firmes mujeres, que llevaban una rosa en la boca ó la sonrisa en los labios. La obra de los hombres más renombrados de la revolución, fué una obra de verdadera moral y de verdaderas valuaciones. Un desprecio supremo por el dolor y una noción elevada de la existencia fué el eje educador que vistieron aquellos médicos y suministraron al pueblo para hacerle por unos años la mejor encarnación del heroísmo de Esparta y las virtudes romanas.

Los desvelos del Dr. Guillotin y del Dr. Luis para perfeccionar la cuchilla de la guillotina, fueron obra de suprema educación y de suprema piedad para un pueblo que debía diezmarse en breve tiempo. La quirúrgica social que bárbaramente enseñaba el médico Marat completaba esa obra, y el resultado de todas esas enseñanzas fué la creación del heroísmo y del desprecio al dolor, sin los que son imposibles todas la revoluciones y progresos.

Jamás habrían llorado, bajo ningún régimen, las denuncias de *Las revoluciones de Brabante,* Camilo Desmoulins; de *El amigo del pueblo,* Marat, y del *Père Duchesne,* el repugnante Herbet.

El supremo sacerdote, que volvía á ser, como en los comienzos del mundo, un sacerdote-sacrificador, enseñaba á morir para lograr la salud y la salvación de los hombres. Sin la parte de sacerdocio y de medicina que pusieron en su obra los médicos de la Revolución, ni la Revolución habría sido, ni el médico se habría elevado al papel de sacerdote.

Voltaire había desprestigiado las cosas sagradas; Rousseau había predicado los ejercicios espirituales cerca de la naturaleza, pero sin la austera vivienda de Robespierre, y, sobre todo, sin el antro de Marat, donde lo mismo se trabajaba sobre un cadáver que sobre la reforma social de Francia, la Revolución no habría sido. En la burguesa república que acaba de estatuir en nuestros días el pequeño Portugal, la obra lírica del primer poeta mundial, Guerra Junqueiro, ha quedado eclipsada por la dolorosa parodia de la medicina en la revolución, y el sacrificio del doctor Bombarda, que nadie se atreverá á imitar aquí con el suicidio, ha sido una Necesidad del europeísmo para dar á esa obra tan justa, pero tan mal realizada, un vago remedo de la Revolución Francesa.

Tenemos que llamar al médico como habíamos de llamar á un cura si prestáramos asentimiento á un credo religioso. El médico ha de ser el único cura y el único militar, en el sentido de uniformado, que ha de tener la ciudad futura que imaginan los soñadores utópicos. Los globos verdes y azules que vemos iluminados en las boticas, inventados por los árabes españoles para señalar al enfermo el almacén de sus remedios, no bastarán ya para las necesidades futuras, y los enfermos de entonces, para garantir su vida, pedirán, como los ricos y los medrosos de estos días, que se uniformen también esos benefactores para que haya salud y salvación donde se encuentren, como se haya garantido el orden donde vemos al presente un hábito de militar ó policía [5].

El depósito de nuestra fe, vulgares ó superhombres, tenemos que confiarlo á nuestro médico; pero debemos confiarlo bien, recordando exactamente nuestra dolencia, escarificando nuestra llaga para ofrecerla como es ante sus ojos advertidos y piadosos:

«Hay que amar otra vez cuando se ha amado

y sufrir otra vez si se ha sufrido».

Las diez y seis condiciones que exigen los doctores sagrados para la perfecta confesión, debemos cumplirlas todavía con más exactitud cerca del médico. Nos debemos confesar enteramente, con dolor, con propósito de enmienda, con sencillez, sin soberbia, con pureza, á menudo, sin retórica, con discreción, con libertad, con pudor, secretamente, resueltos, animados, sin disculpa y decididos á tomar la medicina.

Hay que decir la verdad, toda la verdad, y prescindir de nuestros conocimientos médicos. He dicho anteriormente que á tres cosas debemos de un modo principal todos nuestros sinsabores y la mitad de nuestras dolencias: á creernos más justos que nadie, á nuestros conocimientos médicos y á nuestras imprescindibles necesidades. Nuestro amor y nuestra familia nos apartan muchas veces de lo justo. Está en nosotros el nepotismo que hemos creído una enfermedad de los pontífices y está en nosotros la yernocracia, que censuramos en los buenos suegros. Debemos ser tolerantes. ¿Qué culpa tienen ciertos hombres de no poder ser suegros de todos los españoles ó del género humano?

Tenemos la pretensión de saber medicina y sólo sabemos curanderismo y necedad. En cuanto á las irremisibles necesidades, la suprema necesidad ajena las deja casi siempre descubiertas y... seguimos viviendo como antes.

La verdad es el precio que tiene nuestra salud y nuestra salvación, y sólo á ese precio podemos comprar esos bienes, que no son sino uno y el único que deseamos.

Todos los preceptos confesionales pueden llenarse cumplidamente si referimos nuestros hechos como si fueran ajenos, despersonalizándolos en lo posible y refiriéndolos con un descuido que facilite la psicología sobre ellos, que debe hacer el doctor. La falta de retórica en el relato del caso, es la condición más necesaria para obtener la salud y la absolución.

La personalidad en el relato ha creado una multitud de enfermedades que en realidad no existen, y sobre las cuales todo diagnóstico y tratamiento son absolutamente imposibles, porque se ha negado al médico la debida explotación. Las visiones, las alucinaciones y las ilusiones de sentido son perfectamente incurables, porque llevan un personalismo limitado, una vanidad horrorosa que imposibilita el paso de la verdad. Los enfermos mentales tranquilos y reposados que vemos todos los días, y con quienes departimos á diario en la vida, no necesitan un médico, sino un profesor de lógica que les arregle el entendimiento.

Al lado de esos inconscientes embusteros, que lo seguirán siendo aunque mientan á sabiendas lo estupendo de su caso, sólo pueden ponerse los aprensivos.

La aprensión no es una enfermedad física, sino una iniciación psíquica para la perversidad moral y económica que llamamos avaricia. El avaro es un tímido, un aprensivo, un pervertido mental que tomará todas las pócimas imaginables para conservar una salud que ya tiene, como atesorará todas las riquezas que pueda para crear una fortuna que ya posee. Un aprensivo será avaro y, lo que es peor, un terrible inmortalista que imposibilitará con su cuerpo el triunfo del progreso. La confesión del aprensivo es la más ridícula de las confesiones, y el tormento del médico, comparable únicamente al del cura que confiesa por vez primera y le toca una monja visionaria que pretende emular á cualquier santa.

Nuestro caso no es el único; es menester que nos convezcamos siempre de que estamos atravesando un camino conocido y que nuestro médico puede hacer á lo sumo lo que haría una persona caritativa que pasara un ciego de una acera á otra: facilitarle el paso, evitándole todo daño que proceda, fuera del camino que debe de seguir.

El egoísmo quisiera algo más; desearía casi casi que nuestro guía se tornara tan ciego como nosotros, ó que en vez de servirnos un guía únicamente nos sirvieran dos ó tres que discutiesen en el arroyo, con peligro de sus vidas y de la nuestra. La ignorancia se provee así de dos médicos, por lo menos, para asenderear y molestar al prójimo, como la viuda proverbial que pide cien mil consejos para su norma futura, para el triunfo de los huérfanos y la defensa de su fortuna, y acaba por no seguir ningún consejo y hacer un soberbio y magnífico disparate.

El perfecto enfermo no debe tener más que un médico, resignarse en el caso más desgraciado á perecer con todas las reglas del arte, ó á salvarse por un hombre solo en el que ha depositado todo el tesoro de su fe y de su voluntad. Todo el vicio de los grandes monumentos antiguos y de muchos que estamos construyendo en nuestros días, está en la multitud de arquitectos que han dirigido su elevación.

***

Hay momentos en que podemos pasar resueltamente de una acera á otra, porque la hemos cruzado millares de veces. Si hemos cruzado ciegos, debemos agradecer á nuestro guía, no sólo el favor de habernos atendido, sino el de habernos enseñado. No sólo nos ha prestado un servicio caritativo, sino uno verdaderamente pedagógico y social, que tiene más valor que el pasarnos sencillamente de una acera á otra. Nos ha enseñado casi á atravesar todas las calles. Si nos ha llevado bien, si nos ha conducido con conciencia, en esa conducción ha tenido que poner muchas cosas para que nosotros las aprovecháramos; y ha sido la principal, el fijarnos de tal modo el itinerario que nos vede en absoluto molestar á otra persona para hacernos un servicio que nos han prestado ya.

El buen guía enseña de una vez para siempre, y el ángel de la guarda no es de fijo un gigante magyar que tiene que llevarnos de la mano para pasar ese puente peligroso, como vemos en las oleografías baratas, donde aparece un niñito en camisilla caminando sobre una tabla tendida sobre el abismo. El perfecto ángel de la guarda nos ha debido enseñar una vez para siempre á no hacer tonterías y á evitar que crucemos los abismos. La vida angelical tiene también sus apremios, y para atender á los niños que nacen, tienen los ángeles que soltarnos de la mano y darnos un buen consejo. Los hombres desgraciados no es que están abandonados de la mano de Dios y desunidos de los ángeles. A cierta edad, todos los hombres están abandonados de lo divino, y desunidos de las entidades celestes; como todos, á cierta edad, somos huérfanos, aunque no nos llamemos así. Los desgraciados y los enfermos no es que estén abandonados, sino olvidados de sí mismos y olvidados de la máxima que se le ha dado como un santo y seña para circular por el campamento.

Si hemos llamado bien á nuestro médico, no sólo hemos comprado la salud que nos ha proporcionado, sino que hemos adquirido también una cantidad de ciencia que debe hacer innecesario todo requerimiento para un caso semejante. Llamarle otra vez para lo mismo, y del mismo modo ofrecido, es una prueba de nuestra absoluta incapacidad; y entonces, rebajado en su papel divinal y humanitario, el doctor debe cobrar, no la ciencia que somos incapaces de recibir, sino, como un trabajador cualquiera, pero más que otro cualquiera, el tiempo de trabajo que le exigimos y el tiempo de trabajo que nos ahorramos haciendo que él lo llene.

Trocado en un contratista de obras, y de obras humanas, el médico, el proletariado médico, debe cobrar, como todos los proletarios, lo que realmente venden todos los trabajadores del mundo: el descanso que proporcionan al comprador y el tiempo que le ganan para otro desempeño [6].

Es el abuso y la detentación del tiempo lo que crea todas las desigualdades sociales; porque bien mirado, todo ese capital que se maldice no es más que trabajo, y en último término un tiempo que trata de acumular y sustraer á los demás el detentador de la riqueza. La fortuna de los dioses no está en que sean dueños de los mundos y en que dispongan de los bienes universales, sino en que son dueños del supremo capital que podemos concebir: la eternidad.

La suprema categoría económica es el tiempo, y nada más que el tiempo: es la moneda que valúa y justiprecia, que debe justipreciar todo el trabajo y el hacer del hombre. La filosofía de las ocho horas tiene mucha más enjundia que la de la subida del jornal; y así, los obreros más conscientes y educados no les interesa tanto la subida de los salarios como la rebaja en el tiempo de trabajo, porque saben perfectamente que lo que venden no es su esfuerzo muscular, sino una cantidad de tiempo que enriquece y detenta más la riqueza que el corto jornal por el que tengan necesidad de ajustar su esfuerzo.

Voy á concluir; pero quiero fijar antes que la fe y la abdicación de nuestra voluntad en el médico, no debe ser en modo alguno como la fe y la abdicación que hacemos en las manos de un sacerdote cualquiera. En el punto de mira religioso, el problema de nuestra salud, que llamamos de otro modo nuestra salvación, nos impone esa fe y esa abdicación para un bien completamente personal, propio y exclusivo de nosotros mismos. En cualquier culto el hombre se salva ó se condena solo, goza ó se lamenta del favor ó disfavor de los dioses. Sus pecados y sus faltas caen personalmente sobre el paciente y la perfección moral, la elevación religiosa conseguida por un individuo es totalmente ineficaz é inaplicable para el prójimo. La santidad y austeridad de los santos y anacoretas, remotamente podrá beneficiar al credo religioso de unos meritísimos y envidiables varones, pero no ha servido de nada para la suprema salvación y salud de los demás hombres, que no han gozado de los beneficios celestes, reservados únicamente á los perfectos y á los bienaventurados.

Es más humano y más productivo y reproductivo el hombre enfermo que el hombre santo y el hombre sublimemente religioso. Un dolor sobrellevado como debe sobrellevarlo el hombre inteligente, es una experiencia y una enseñanza objetiva que beneficia por ende mucho más á la especie que todas las experiencias religiosas, propias y peculiares de un individuo solo, é intraducibles para los demás.

Todos los pecados del mundo no han tenido la virtud social y constructiva que han tenido, por ejemplo, las terribles cefalalgias que han padecido unos cuantos privilegiados de esa dolencia, que pudiera decirse se ha enamorado de ellos de una manera preferente.

La penitencia sacramental que han cumplido tantos pecadores no ha añadido un ápice á la perfección humana ni ha creado una fórmula general para remediar el daño en todos los casos semejantes. En una palabra; el hombre religioso ha contribuido menos al progreso de la especie que el enfermo físico, cuyo dolor, igualmente posible en todos los hombres, ha merecido el estudio y el trabajo de los más piadosos para evitarlo en los demás.

Los dolores de la madre de César han valido para la ciencia y para el hombre más y mucho más que los sacrificios de tantos reformadores religiosos y sociales que han perecido en la cruz ó en las llamas. Sirvieron para agrandar las fronteras de la dicha y para dar entrada á tantos hombres, que de otro modo habrían quedado condenados á morir en el santo cuerpo muerto de sus madres.

Las timoratas *spinters* inglesas que protestan contra el vivisecccionismo y que sienten una excelente piedad por los conejillos de Indias y las ranas que perecen en los laboratorios, no quieren sentirla por todos los doloridos futuros que se remediaron de fijo gracias á esos cruentos ensayos, menos cruentos y sensibles que el arte de obtener *foi-gras,* atormentando á los patos hasta enfermarles del hígado para obtener una ganancia en el comercio.

La reforma moral y religiosa de los hombres no ha hecho ninguno de esos descubrimientos é invenciones que hacen más llevadera la vida. Los grandes triunfos y progresos se deben á otro orden de miras, y han sido más estimados los jesuítas introduciendo en Francia los pavos en 1640 ó trayéndonos la quinina, que legándonos otras conquistas menos útiles.

El hipnal, la salipirina, el pirosal, el piramidón, la formopirina y todos los compuestos y derivados de la antipirina, han hecho más por los hombres y el dolor humano que todas las prácticas morales. Entre mis dioses mayores tengo á Knorr, el introductor de la antipirina en el mundo años después de mi nacimiento. Anónimamente venero al mismo tiempo á los grandes atormentados y á los grandes doloridos que han provocado esos descubrimientos y beneficiado á la humanidad con unos dolores tan irresistibles y tenaces, que han tenido que remediarse por fuerza.

La preeminencia del dolor está en que sirve para moralizar y para elevar al hombre. No quisiera yo, ciertamente, vivir atormentado y dolorido; pero si así fuera, haría de mi dolencia una obra en colaboración con mi médico, y para alivio del resto ó regocijo del prójimo, trabajaríamos en esa zarzuela divina, donde el médico pone la letra y al paciente le toca poner la música.

III

LA DIRECCIÓN ORGÁNICA

1.—La dirección de la conciencia en el siglo XVII y la dirección médica moderna.—El médico ha sustituido al director espiritual.—Los casos fuera de enfermedad.

2.—El médico invade el despacho, llega á la cama y se queda en la cocina.—¿El pudor del enfermo?

3.—Los sentimientos políticos y religiosos del paciente.—La valoración social y la prelación de los auxiliares de nuestra vida.—Solidaridad en los éxitos y fracasos de nuestro médico.—Conclusión.

17 Diciembre 1910.

SEÑORES:

Los paralelos que hemos trazado, considerando en la evolución social los tres tipos fundamentales de la utilidad: el salvador de las almas, el procurador de la salud y el definidor del derecho, pueden proseguirse aún indefinidamente, porque subsisten todavía, como elementos útiles para la colectividad humana, los tres puntos iniciales que sirven para trazar esas líneas. Es verdad que se inicia un nuevo punto de partida para otro paralelo, pero aún la actividad económica no está concretada en un tipo determinado al que pueda referirse una verdadera utilidad para la especie. La preponderancia del trabajador, sublimada por el socialismo, no es definitiva aún; la exaltación del industrial se efectúa sin una base de fe, y la divinización del ingeniero, el núcleo y el nucleolo de la última producción galdosiana, no patentiza otra cosa que la existencia y gravedad de ese artritismo mental que, bajo el nombre de intelectualismo, se ofrece como la venta al martillo y el desbarate del superhombre.

Hablaremos seriamente de este extremo dentro de poco [7].

La acción religiosa, la acción médica, la acción jurídica y la posible acción económica, son como cuatro conductores del pensamiento, cuatro cables por donde ha de pasar la obra del hombre. Y esos cables, tendidos por la necesidad de elevarnos, de relacionarnos con lo más elevado, se han tendido por ese mismo orden en que acabo de enumerarlos. Nuestro natural sentimiento de dependencia, antes que pensar en sí propio, ha pensado en la autoridad á que servia, y el cable religioso ha surgido antes que el cable médico, siendo anterior en las sociedades, así, el sacerdote al médico, y el médico al juez, y el juez al comerciante. La comunicación con el progreso se ha efectuado por ese orden, y por ese orden se han ido transmitiendo las órdenes de envió que nuestra necesidad ha sentido, utilizando siempre el último cable tendido como el menos frecuentado, el más expedito y el mejor tendido.

La variedad de servicios y las comodidades que brinda la última compañía explotadora, hacen la comunicación muy cara; pero de su utilización para mañana se hace un impulso personal que acrecienta nuestro esfuerzo y crea un loco deseo de telegrafiar también como los más afortunados y dichosos.

En un pueblo detenido, todas las clases quieren ser religiosas; en otro más elevado, se llenan por igual los seminarios y los anfiteatros; en otro más progresivo, la grandísima concurrencia en las escuelas de Derecho llegará á la plétora jurídica; y, en fin, en los pueblos que imaginamos más llenos de modernidad y adelanto, las escuelas de comercio y las sociedades bancarias serán las más activas y nutridas.

Los tipos de regresión seguirán telegrafiando por las vías antiguas, y los más modernos, por el recuerdo de sus comunicaciones pasadas, criticarán el funcionamiento de las más nuevas, elogiando ciertos detalles del antiguo servicio.

Estamos en este punto, sin estar tendido aún el último cable.

La preponderancia social del médico evidentemente es un signo de progreso y de adelanto y atestigua que concedemos un valor más elevado á nuestras propias relaciones con nosotros mismos que con seres distintos y superiores á nuestra especie. Las instituciones de beneficencia y de asistencia pública se acrecientan y desarrollan de día en día, y las funciones augustales del médico, que se reservaron en un principio para el cuerpo sacerdotal, como puede comprenderse recordando la constitución de los terapeutas, que pasaron después á ser un auxilio de los monarcas y los pontífices, como vemos en el protomedicato, se extienden y difunden actualmente á todas las clases, y no puede constituirse una compañía de teatro sin pensar en un médico, como no puede montarse un colegio, instituirse un monasterio ó una sociedad de seguros y una explotación minera, sin contar como un funcionario activo y consejero de la misma con un doctor. Los 201.700 francos anuales que importaba la nómina facultativa de Napoleón, constituyen una cantidad relativamente pequeña con lo que tiene que satisfacer por el mismo concepto un municipio moderno que quiera realizar cumplidamente su misión previsora y humanitaria. El presupuesto de higiene y salubridad tiende á fijarse en cantidades más elevadas y á satisfacerse además particularmente por todos los grupos sociales como una necesidad imprescindible para el mejor cumplimiento de sus fines y el mejor éxito en sus negocios.

El médico no ha sustituido al sacerdote en sus funciones de confesor, sino que le ha sustituido también en las de consejero y director. Si no le hubiera sustituido en estas elevadísimas encomiendas, no le habría sustituido absolutamente en nada.

    ***

No se ha pensado bastante en el valor que ha tenido en su tiempo para el régimen de los destinos humanos en el mundo católico, la llamada dirección espiritual.

Atribuida erróneamente esa obra á los jesuítas, como se les concede por el vulgo la propiedad de los Cafés Suizos de España, de las grandes empresas industriales, comerciales y marítimas, no hicieron ellos más que vivir en la realidad mucho mejor que las demás órdenes religiosas.

La dirección espiritual fué una adivinación de la antisepsia, un procedimiento de prevención que hubo de adoptar la Iglesia, frente al contagio morboso que ofrecía el protestantismo, como un peligro inminente.

El director no era un confesor; no confesaba á sus clientes y pupilos; era un consejero, un médico de la conciencia pecadora y mundana, tan amable, tan inteligente, tan acomodado á las debilidades de sus enfermos religiosos, como el médico de una compañía de teatro, que tolera alguno que otro cigarrillo al cantante que no debe fumar; pero que es inexorable con el paciente si además de trampear con la higiene quiere soslayar las reglas de buen gusto. «No fume usted más que la mitad del pitillo. Es de mal tono y antihigiénico apurar las colillas, como un chico que fuma á escondidas de sus padres. No. Haga usted lo que quiera, pero sin excederse jamás.» Los directores espirituales del siglo XVII conocían perfectamente todos los secretos de la posología penitenciaria, y sabían revelar con la misma oportunidad que el médico complaciente de una histérica ó de un neurasténico profesional, uno de esos secretillos que el pecador ó el enfermo acoge como una gracia especial que le concede la ciencia ó los cánones sagrados, separándole de los demás hombres. «La sanidad de la intención purifica toda la obra.» «Puede usted tomar el vino con un poquito de agua, quitándole así su fuerza alcohólica, y salir á la calle siempre que lo necesite, si procura usted abrigarse un poco. Un buen gabán, hechura de sastre, como esos que están de moda, muy higiénicos por cierto, la prestará un buen servicio».

La verdadera dirección no era así; pero en la corrupción de la Iglesia hubo de llegar á eso porque no corrompía la religión el sacerdote, sino el creyente, que corrompía á su corrector, exaltando ante sus ojos los imperativos humanos y las flaquezas ingénitas, ponderando sobre manera para llegar á la gracia, la perfección y la virtud del consultado. «Es imposible ser como usted. ¡Qué paciencia y qué bondad tan excelentes las suyas! ¡Sois, verdaderamente, un elegido y un santo!» Y un santo fué para cada dirigida todo director espiritual de aquellas mujeres que tenían su director. San Francisco de Sales fué santificado por sor Francisca Fremiot; Fenelón lo fué por Mlle. de Maisonfort; el padre Gracián por Santa Teresa de Jesús.

En los casos de falsificación y corrupción, también fueron dignificados y santificados todos los directores. El director no confesaba, por lo general, y si llegaba á confesar á sus dirigidos, lo efectuaba con verdadera repugnancia, con el mismo sinsabor y amargura, con el mismo temeroso respeto con que un médico asiste á sus hijos, á su esposa ó á sus propios progenitores.

La dirección era una higiene; no era un arte de curar, sino de prevenir, de preparar. Como la dirección orgánica que hoy ejercen algunos médicos, no es sino una higiene y una prevención contra la obra probable y segura, de otro modo, de un compañero de profesión. La dirección espiritual ha provocado todo ese clamoreo que aun subsiste en el mundo católico contra los religiosos que la practican, porque coloca á esos hombres en condiciones excepcionales dentro de la concurrencia que efectúan por la salvación de las almas. El clero regular ha quedado reducido á un sacerdocio segundo, que se asemeja por sus funciones y cometido al cuerpo de practicantes y servidores de clínicas. Tiene su misa, como éstos tienen la asistencia al convaleciente y el desempeño de cometidos pequeños, propios del cirujano menor: sangran, asisten á un parto y quitan los dientes.

El director orgánico, así como el director espiritual era un moralista, es un higienista. Los archiatros y protomédicos de todo tiempo han tendido á ser higienistas, como los confesores de los monarcas á ser directores de conciencia. No se ha tratado en ningún caso de absolver ó de curar, sino de evitar el pecado y la dolencia. Los directores espirituales de los Borbones franceses, desde Enrique IV á Luis XVI, han efectuado una obra análoga á la realizada posteriormente, por ejemplo, por los médicos de los Hohenzollern y los de la casa de Brunswick-Luneburgo. El Padre Cotton y el Padre Lachaise han dirigido tan escrupulosamente las conciencias de sus regios penitentes, como los doctores Mackenzie y Reid la salud del emperador Guillermo y de la reina Victoria. Mucho influyó en los Borbones franceses la dinastía paralela de sus directores espirituales, pero aún más ha influido en los destinos del Imperio británico la dinastía de los médicos de la casa de Brunswinck-Luneburgo.

El principio de Solón, «Nada con exceso», erigido en norma higiénica y, por lo tanto, de conducta, por todos los sucesores de William Jenner, Sir James Reid, Samuel Wilks, Richard Douglas Powell, William Poroddbent y hasta por los médicos menores, como George Lawson, ha preparado esas inteligencias equilibradas que han dirigido el progreso británico é influido sobremanera en la política del continente. «Vuestra Graciosa Majestad—decía William Jenner á la reina Victoria—debe acostumbrarse á dominar su salud.» Y esta admonición higiénica, preventiva y defensiva, elevada á principio superior para la vida, determinó toda la obra política de la reina Victoria, contemplada por toda Europa como un excelente jefe de Estado. La obra de Corvisart cerca de Napoleón fué muy distinta: servidor antes que nada del ilustre capitán, un soldado más al servicio del emperador de los franceses, para no desagradar á la última encarnación de Alejandro, no vacilaba en suministrar á la emperatriz Josefina algunas píldoras de pan para aliviarla de sus dolores. Así, naturalmente, el preso en Santa Elena, desprovisto de la fe y del asentimiento que ha de prestar el paciente al doctor, á duras penas pudo considerarse como un perfecto enfermo ante Antommarchi, en el que vió muchas veces un envenenador pagado por los ingleses ó la Coalición, hasta que, imitando á Alejandro, se resolvió á someterse al médico, confiando en su propia voluntad de vivir, superior al imaginado tóxico que se creía tragar.

***

Nuestra enfermedad no es más, en muchos casos, que un quebrantamiento y aminoración de la voluntad. Débiles para reobrar sobre nosotros mismos, necesitamos, como los cuerpos materiales, la recepción de un impulso exterior para ponernos en movimiento y salir del estado de postración en que estamos. La eficacia de la curación sugestiva no descansa precisamente en la naturaleza del medicamento proporcionado al enfermo, con la fe de que ha de curarle aquella práctica ó aquel preparado, sino en la presencia real del médico que nos asiste. La situación de presente del médico influye directamente sobre el enfermo de una manera decisiva y peligrosa para el propio doctor. El enfermo, á medida que se aproxima el médico, trata de equilibrarse con él, cobrando ó perdiendo la energía necesaria para establecer ese equilibrio, que no será el estado normal del paciente, sino el natural en aquel momento. Una brusquedad cometida por el doctor enojado y llamado á destiempo, se traducirá en el comienzo de una fiebre para el paciente; como una alegría excesiva en aquél obrará sobre éste como una solución de continuidad en sus dolores y achaques. Los enfermos entusiastas de la gloria y de la opinión, los escritores, los artistas, los hombres de Estado, son absolutamente inexplorables en los primeros instantes, y por su falta de voluntad y de dominio no acusan orgánicamente la verdad de sus dolencias. Entre los signos presentes de su enfermedad y el relato que hacen de ella, cabe, por lo general, toda la patología humana, con todos los casos más estupendos y raros que puedan concebirse.

Lo único que le quedará al médico futuro, que será únicamente un higienista, de verdadero médico, en el sentido actual de la palabra, de hombre que cura y alivia, será esa inalienable propiedad curativa que posee en su presencia como la marca imborrable de una unción sacramental.

La dirección orgánica ó médica no será más que una higiene; lo que realmente ha sido para las clases más elevadas, y lo único que necesita el cuerpo social que oficialmente no padece todas esas enfermedades específicas que puede padecer cada ciudadano de un modo personal y propio y que requieren un tratamiento especial para cada caso.

La industrialización del sacerdocio médico, comparable al nefando y simoníaco comercio de las indulgencias, ha contribuido por manera singular á la institución de la dirección orgánica, como el comercio impío de las cosas piadosas contribuyó al desarrollo y fomento de la dirección espiritual. Las clínicas, los dispensarios, los sanatorios, las casas de salud, los hospitales privados, las consultas y la sublimación de los específicos garantizando, sin garantir la mayoría de las veces, la salud á los enfermos, han realizado la repetición de aquel hecho religioso que no ha sido, por lo demás, peculiar del cristianismo, sino de todas las religiones en su movimiento industrial.

Esas casas de salud, verdaderas casas de huéspedes para enfermos, focos industriales llenos de avaricia, repiten, según su fuerza y potencia económica, la contienda entre agustinos y dominicos sobre la provechosa y lucrativa predicación de la indulgencia. Y la masa, moralmente sana, de los enfermos que sufren y piden la salud del cuerpo, como pidieron sus padres la salvación de sus almas, huye de esos establecimientos, procurando defenderse de ellos, salvaguardiándose en los preceptos higiénicos que, seguidos con cuidado, evitan visitar una casa de huéspedes ó un hotel, donde el patrón ó el hostelero ha de imponerles un mal lecho ó una dieta determinada, á pretexto de tratamiento preciso para remediar su daño.

El perfecto enfermo debe huir de esas reclusiones, adquiriendo para ello la educación necesaria que le ponga fuera de tiro de esos centros de enfermos. Un nosocomio ideal necesita, más que ningún otro establecimiento de corrección y de mejora, la implantación del régimen celular. La enfermedad no está embotellada y lacrada en el cuerpo del paciente; y todas, absolutamente todas las dolencias son comunicables, transmisibles y contagiosas, aunque el contagio no sea en apariencia perjudicial y dañoso con la misma intensidad en todos los casos. Unas veces se transmite el agente morboso y otras, lo más frecuente, se provoca la imitación del organismo por fascinación, por admiración y agradable condolencia hacia el paciente, que contamina.

En una preponderancia de la dirección higiénica, la consulta de enfermedades posibles es el mayor peligro para el director y para el enfermo. Convirtiendo el doliente su conciencia en la escrupulosa conciencia de una monja reciente, llegará á atormentar al médico, como esas beatas escrupulosas atormentan al confesor perfeccionándole en la casuística hasta hacerlo caer y condenarse. Ese enfermo es un mal enfermo, es un enfermo que quiere ser médico, como esas monjas y esas beatas quieren ser doctoras y pontífices.

Los casos fuera de enfermedad, como las dudas fuera de confesión, son pecaminosos y malsanos. Las unas, constituyen un pecado superior, y los otros una enfermedad cerebral, difícilmente curable.

Á nuestro director no se puede ir, ni se debe ir, con más asuntos que con aquellos que realmente nos pertenecen y atañen.

Nuestro verdadero médico no ha de curarnos concretamente nada, no ha de aliviarnos de dolor alguno. Nuestro verdadero médico nos evitará, en cambio, los cambios bruscos de sanidad y el recurrir con frecuencia á la farmacia más próxima. Consejero supremo, chambelán íntimo, nos trazará la norma que debemos seguir en la vida, interesándose en todos los movimientos que hemos de efectuar para vivirla. El cuidado y la precaución que ha de ponerse para que no traspase los umbrales más íntimos, tenemos que tenerlos nosotros.

El conde León Tolstoi, á quien le ha cabido ver los albores de la dirección orgánica, ha protestado de esa dirección, siempre que ha tenido oportunidad para ello, en las páginas de sus novelas y de sus escritos. El verdadero autor de las desgracias de Posdnicheff, el protagonista de *la sonata de Kreutzer,* no es aquel afeminado músico Trukhatchewsky que toca á cuatro manos con la presunta infiel, en la ausencia del marido; ni siquiera lo son los celos del propio Posdnicheff. Lo son, señores médicos que me escucháis, y que recordaréis seguramente la portentosa obra del novelista ruso, lo son los pobres conceptos médicos que se ha formulado el mismo protagonista.

Unos malos conceptos de higiene personal y colectiva, favorecidos por médicos indignos de ese nombre, la han hecho creer que ciertos actos, que degradan y matan á la mujer ante nosotros antes de encontrar la propia, son convenientes y buenos, y que nos libran de ciertas sofocaciones y embarazos. La condición de mala enferma de su propia mujer, que toma al médico suyo y al de sus propios hijos como un contratista de obras, como un oráculo director para romper la unidad de la familia, han sido las causas determinantes y autoras del crimen de Posdnicheff, como la supremacía familiar de ciertos directores espirituales es la causa de ciertos desvaríos y desavenencias conyugales.

La dirección ha de ser superior, pero sin descender al detalle. Al pretendido director, á quien dejáis entrar en el despacho, conducís al borde del lecho y lleváis á la cocina antes de despedirle, le habréis franqueado todo lo sagrado del hogar, pero no le habéis dicho nada de vuestra dolencia. Los principios higiénicos de ese hombre, sean retazos sueltos, fórmulas de momento, como reclama vuestra frivolidad y poco tacto.

«Nada de cortinones en la sala; la cama debe ser un poco más baja; debe usted prescindir de las perchas fijadas en la pared, y abstenerse de pan; si no puede usted resistir á la tentación, tome usted pan sin levadura ó coma un poco de pan de gluten. Aire, luz, mucha luz; no dejar de hacer ejercicio y permanecer en casa lo menos posible. Los hombres del Mediodía tenemos que vivir en medio de la calle...»

***

En el caso de Posdnicheff y en el de Ivan Ilitch, el protagonista de la novela *La muerte de un magistrado,* el problema descansa sobre un hecho capital: la falta de diagnóstico verdad para el protagonista que vive y para el protagonista que muere. Posdnicheff es un enfermo moral falto de diagnóstico, é Ivan Ilitch un muerto sin diagnóstico racional. Ni uno ni otro lo han pedido, y la enfermedad les arrebata sin que pueda atajarse en beneficio de ellos, ni para bien de sus semejantes. Si lo hubieran deseado, quizá tampoco les habrían facilitado un diagnóstico, porque aquí está en pie el mismo problema que en los días de Cicerón, aunque puesto de otro modo. En Roma, muy sabiamente, no era costumbre revelar al enfermo ni el estado de su dolencia, ni á veces la naturaleza de su mal. El médico entregaba al paciente su obra, buena ó mala, de una vez, sin hacerle ningún anticipo. El enfermo romano confiaba lo bastante en su médico, é ignoraba lo suficiente para llamarle la atención sobre ciertos detalles y preparativos. Su confianza era tan ilimitada sobre el particular, que puede asegurarse, sin temor alguno, que los romanos fallecidos de enfermedad no han lanzado ningún reproche desde ultratumba á sus médicos. Esperaban desde luego la salud, pero no temían la muerte como obra de la impericia, sino como un acontecimiento acaecido muy pronto.

Los niños abortados, los caquéxicos, los jóvenes fallecidos en la flor de su juventud y aparentemente sanos, eran elegidos de los dioses y más agradables á las Parcas que los muertos de senectud.

En Roma, en Grecia, en Egipto, en todo el mundo clásico, se sabia morir, porque se evaluaba la vida en su verdadero precio y no se esperaba la resurrección de la carne, que ha hecho de la muerte un dolor innecesario y sobradamente injusto. Los árabes sabían morir de un modo admirable, como saben hacerlo hoy los mismos kabileños, que tienen una noticia siquiera elemental del paraíso mahometano. Mr. Lauvergne, en un libro terrible, terebrante y más desconsolador que todas las preparaciones para la buena muerte, con que asustan á los chicos los jesuítas, en un libro titulado *Agonía y muerte en todas las clases de la sociedad,* dice también que el mahometano es el hombre religioso que tiene una muerte y agonía más dichosas. Sabe lo que es morir, y sabe que el médico no puede hacer ningún imposible.

El médico, como director de higiene, como servidor de la higiene pública y social, es una creación de la civilización árabe. En Roma y Grecia, la dirección orgánica no parece haber existido jamás. Xenofon y Stertinio, que cuidaban de Claudio y percibían más de seis millones de pesetas, que diríamos ahora, no eran higienistas ni directores orgánicos como el Dr. Mackenzie.

Andrómaco, el médico de Nerón, era sobre todo un práctico en el sentido moderno de la palabra, y á él se le debe un tercio de la farmacopea antigua, por haber inventado la triaca. Galeno, el médico de Lucio Vero, tampoco fué un director. En toda la antigüedad romana sólo se halla un remedo de esa dirección en Vecio Valente, amante y médico de Mesalina, comparable á esos directores de conciencia que corrompieron algunos conventos franceses y españoles del siglo XVII.

La falta de dirección que hay en toda la Edad Media, imposible por la falta de fe y de adaptación al medio, obliga á postular un médico á los reyes, á los papas y á los magnates fuera de sus dominios, como se buscaba también un tesorero. Carlomagno, Fernando IV, Alfonso VI, Sancho el Gordo, Catalina de Médicis, Julio II, Julio III, Clemente VII, León X y Paulo III, por ejemplo, se confiaron á médicos árabes y judíos, tanto por lo experimentados y sabios que les imaginaban, como por lo poco capaces para tomar parte en las intrigas del reino.

Nuestra Casa de Austria no aceptó tampoco ninguna dirección, ni orgánica ni espiritual, sino muy tarde y circunscribiéndose á los últimos reinados de Felipe IV y Carlos II. Carlos V, que tuvo por archiatros á Villalobos, á Miguel Zurita, á Andrés Laguna, distinguió principalmente al bruselense Enrique Matisio, porque podía hablar con él mejor que con ninguno, y por razón de haberlo traído á España. Felipe II se hizo bajo la dirección de Villalobos, que era partidario no sólo del «nada con exceso», sino del todo sin satisfacer por entero. La abstinencia del rey se cimentó sobre esa máxima, pero oyó á todos sus archiatros y protomédicos, que fueron los más numerosos y mejores que ha tenido jamás un rey de España: Gómez Pereira, Huarte de San Juan, Vesalio, el Divino Vallés, Luis Mercado, Francisco Díaz, López Madera, Andrés de León, Andosilla, Tamayo, Cosme de Medina; una infinidad ilustre postergada, en fin, en sus últimos momentos por cuatro místicos inhábiles que le hicieron padecer horriblemente: los doctores Oñate, Sanabria, Vergara y Zamudio.

El obstáculo principal para la verdadera dirección subsistía entonces con más fuerza que en los tiempos presentes. El hilo religioso era aún el único cable de comunicación con el progreso, y fuera de las funciones del gobierno y de las acciones religiosas, el desempeño de las demás actividades se consideraba como el trabajo rendido por algo más que un artesano, pero algo menos que un religioso. El valor de las reliquias, en gran predicamento todavía, era el último valor que se utilizaba en los casos más desesperados, como en el del príncipe Don Carlos, porque ante todo y sobre todo, el factor religioso era el primero y principal de la sociedad. Hay memoria, sin embargo, de haberse celebrado en aquella ocasión una célebre consulta del protomedicato; pero la utilidad definitiva de las reliquias se impusieron á todos los pareceres facultativos. Dos siglos después las cosas no habían variado en nada, y Virgili tenía que abandonar la cámara mortuoria de Doña Bárbara de Braganza, que esperaba inútilmente la llegada del célebre médico del agua D. Vicente Pérez.

Esta exposición histórica podría alargarse indefinidamente, trasladando todos los datos que ha coleccionado de un modo admirable el señor Iborra, historiador del protomedicato español; pero todos ellos, con ser valiosos y muy dignos de tenerse en cuenta, estarían aquí fuera de propósito y lugar.

Las condiciones exigidas á los archiatros y sus deberes diarios no dejan de ser curiosos, y Cervantes los ha ridiculizado, en cierto modo, en el trazado caricaturesco de su Pedro Recio de Tirteafuera, médico de la ínsula Barataria, gobernada por Sancho Panza.

A cada grupo social, como á cada hombre, corresponde un médico determinado; y en verdad, ciertas dolencias y enfermedades vinculadas en una clase, en una profesión ó en un partido político, no pueden ser curadas sino por el médico que tiene en cuenta las ideas políticas y religiosas del paciente. Un cocinero protestante que se absorbiese, por ejemplo, en la secta que le hubiera tocado en suerte conocer y practicar, no sólo sería un mal cocinero para un convento de capuchinos, sino que incurriría también en mil faltas y descuidos sirviendo á un católico, caballero particular, tolerante también, y acaso conservador. Ciertas prácticas que recomienda la higiene más elemental no podrían prescribirse así tampoco á los creyentes de ciertas religiones y á los afiliados á determinados credos políticos, como muchísimo menos á ciertos profesionales.

Hay dolencias que caracterizan á una exaltación religiosa determinada, y enfermedades también que determinan una iniciación en determinados credos políticos. El sarampión revolucionario no es una mera frase, sino una realidad abrumadora que se puede observar á diario, y que no pueden certificar los clínicos más experimentados y conscientes. Las enfermedades infecciosas de la sangre no podrán nunca ser un patrimonio exclusivo de las clases conservadoras, que viven, naturalmente, bajo una dirección orgánica positiva y cauta. El resfriado, el catarro, el constipado, en sus formas más enojosas y molestas, impidiendo la celebración de un Consejo, la asistencia á un acto público y la recepción de ciertas comisiones engorrosas, jamás atacará tampoco á las clases proletarias, fuertes y resistentes, disciplinadas para el combate de la vida y la lucha por la existencia en las continuas manifestaciones políticas, uniformadas y regulares, donde el pulmón se satura de oxígeno, el pecho se eleva por el entusiasmo, y la piel está más que nunca dispuesta y adaptada para una buena y excelente transpiración. Las enfermedades nerviosas y de las vías respiratorias atacarán con preferencia á las clases constituidas, á los hombres de orden, naturalmente excitables por una alteración injustificada, prestos también á la ira por el rápido descenso de la úrea al artejo de un pulgar ó á cualquier otro rincón de nuestro cuerpo, donde el paso de los cristales determina un vivísimo dolor y una deformación horrorosa.

El porvenir de las especialidades médicas como el destino futuro de la dirección orgánica, que ha ocupado la última parte de este trabajo, está precisamente en especializarse también por conglomerados sociales y políticos, cuanto lo permita la cantidad de pacientes.

No es una broma, señores; pero yo recuerdo con honda pena el cuarto tercio del médico del Sr. Sagasta, D. Zóilo Pérez, sin aliento, sin alegría, por haber quedado, á causa de una disensión política con aquel ilustre jefe del liberalismo español, con toda la experiencia y saber para remediar los catarros, los resfriados, los romadizos, los constipados y demás taponamientos nasales; pero sin un perfecto enfermo, y liberal, como era aquel ilustre delicado, tan constantemente herido y tan terriblemente lacerado por las dolencias más insignificantes, y benignas para los demás mortales... de otras ideas políticas.

Examinando al hombre de genio y al hombre delincuente, la antropología lombrosiana ha llegado á las mismas conclusiones que acaba de ofrecer; y aunque el ilustre antropólogo fundador de la escuela se equivocara tantas veces, la verdad es que el tipo del genio y del criminal nato están aún desafiando al buen sentido y á la experiencia, para mandarlos recoger como exageraciones de un fundador de escuela.

La mitad de la Revolución Francesa se debe á las viruelas de Dantón; el terror anarquista que sobrecoge á las clases elevadas y determina en ellas la locura circular y vertiginosa, á las dolencias é infecciones de la sangre de un Bakunin; como el pánico y el miedo que siembra la revolución de Cádiz, y que acaba con Prim á fines del 70, son obra de las viruelas y de la ceguera de un espléndido y triunfal gaditano, educado en Londres, correctísimo, aristócrata y elegante, trocado por sus dolencias en propulsor de los rebeldes.

Hay una enfermedad para cada partido y para cada creencia, como hay una enfermedad para cada profesión y cada oficio.

La exaltación universal que observamos en nuestros días la viene padeciendo Europa hace cuatro siglos justamente; pero entonces no la padecía sino un número reducido de individuos, que morían por la novedad y la fuerza de la dolencia, ó que agitaban el mundo individualmente con una fuerza más grande y poderosa que tratan de agitarla hoy los enfermos de la misma enfermedad, aminorada y vencida por haberse diluido en la especie.

Se me debe permitir esta afirmación precisa, á pesar del atrevimiento que podáis ver en ella, en razón de la verdad que contiene. El radicalismo inconsciente, sin programa, sin solución, es una disolución de la avariosis en la especie. El goma avariósico, al fijarse en la base del cerebro, ataca resueltamente á los centros superiores de la ideación y de la solidaridad social. Hay más; los procesos blenorrágicos, que se atacan con frecuencia, por complacencia al paciente, con astringentes poderosos y enérgicos, como el permanganato, retirando la supuración de su vía natural, provocan un trastorno cerebral que se adhiere á una exaltación política, como presa más conveniente para su nutrición.

Tendría que dar un curso de patología política para esbozar nada más el programa de tan interesante estudio, en el que soy todavía un buen aficionado, pero no un consumado maestro.

Al observar estos procesos que apunto, no hago más que apoyarme en datos estadísticos recogidos personalmente por mí en diferentes hospitales, y que no quiero someter á vuestro examen por no aparecer con una parcialidad que no tengo. Me basta con que convengáis conmigo en que los procesos morbosos de Santa Teresa, tan llevada y traída por las clínicas ateas y radicales, eran muy diferentes y distintos á los sufridos por Federico Nietzsche, y que la obra de una y otro no tienen nada de común ni de parecido.

Cuando se difundan esas especializaciones de las enfermedades, y el paciente se conozca personalmente lo bastante; cuando antes de postular un médico, como antes de postular un confesor, el paciente haga un examen de conciencia orgánica, el perfecto enfermo encontrará el perfecto médico y la salud se hallará, porque el paciente conocerá su dolor, la extensión de sus regiones morbosas, la inutilidad del grito que no descarga ningún germen patógeno, y solidario con su médico, recibirá los dolores humanos como una iniciación para el progreso y como una resta de mal que hace á sus semejantes. Cuando no sea así, y el dolor, un dolor tan horrendo y temible como imaginamos todos los dolores, entonces «la verdadera piedad será el único instrumento de muerte; y el médico, redentor supremo, tendrá el derecho de acabar sin dolor y bajo su responsabilidad con las existencias desdichadas.»

Así se enseña en el Norte de Europa.

Pero no llegará eso jamás; porque, señores, queda para alivio de los hombres, á las mismas puertas de la muerte, la graciosa silueta de la Esperanza.

APÉNDICE PRIMERO

Los honorarios del médico.

Hay dos razones fundamentales para no pagar al médico—me decía un señor muy desaprensivo y digno de tenerse en cuenta por su amoralidad en la vida— : una, cuando no nos ha curado por completo, pues sería injusto y antieconómico pagar un servicio inútil; y otra, cuando nos ha curado, pues la facilidad y rapidez del remedio acreditan muy poco esfuerzo por parte del galeno, y sería tonto retribuir lo que tan fácilmente se ha logrado.

Las dos razones son especiosas; pero este mismo sujeto no pagaba tampoco á los aguadores, porque se empeñaba en que infringían un precepto de caridad, no dando de beber gratuitamente al sediento.

Reflexionando sobre el caso, el desaprensivo señor parece que adivinaba la socialización de los médicos, pretendida por el ingenioso, buenísimo, pero mal educado Lloyd Georges. Tenemos derecho á la salud, como al agua y al aire, y á la leche, que suministran también, no diré paternal, sino maternalmente, algunos Municipios que tienen municipalizado este suministro. Y lo que es de derecho es gratuito.

Luis Araquistain, el simpático importador y expositor al por menor del programa georgista en España, ha dado cuenta del particular en el artículo que reproduzco á continuación. Y como no tenemos aquí ningún eco de los conservadores ingleses, no sabemos lo que habrán opuesto al ministro revolucionario.

En un orden ideal no puede oponérsele absolutamente nada; pero prácticamente el médico no es sólo un mero expendedor de salud ó procurador de vida. Lleva al lado del enfermo una cosa que no puede nacionalizarse, porque no puede obligársele á que la dé.

En los primeros pasos hacia esa nacionalización, en la beneficencia municipal, vemos que, á pesar de su reconocida utilidad, de su bondad indiscutible, no la concedemos siempre la preferencia; buscamos nuestro médico como buscamos nuestro colegio en vez de la escuela pública; como enviamos á última hora por un botijo de agua gorda, aunque tengamos en casa agua de Lozoya.

Por todos esos servicios que se prestan por igual á todos los desiguales mortales, no puede darse gran cosa, y se hacen de derecho y gratuitos. En particular, no sirven para nadie y hermanan la miseria y el despilfarro. El mal material que cuentan hay que tirarlo, como hay que cortar siempre las prendas de los bazares de ropas hechas.

Con los médicos nacionalizados de Lloyd George no se podrían curar más que las enfermedades nacionalizadas. Es verdad que los pacientes de esas calificadas dolencias serían como el señor desaprensivo y digno de tenerse en cuenta: unos hombres que darían una soldada, un jornal, un salario, una retribución, una paga, pero jamás honorario alguno.

«La nacionalización de los médicos.

Los médicos ingleses están en revuelta contra el proyecto de Seguro nacional que acaba de echar al mundo Lloyd George. Esto es natural. No es que el proyecto vaya á sumir en la miseria á los médicos. Al contrario, tomada en conjunto esta clase profesional, el Seguro de Lloyd George la beneficia. Pero si por una parte la beneficia como entidad colectiva, por otra, desde el punto de vista individual, el proyecto del Seguro es un atentado contra el principio que regula actualmente las relaciones entre el médico y el enfermo. Este principio es el principio individualista de la libre contratación, según el cual, el médico sólo cobra—y cobra cuanto quiere—mientras tiene enfermos ó sanos que se pasan la vida inventando enfermedades. Según este principio, no hay duda que los intereses económicos del médico están en relación inversa con la salud de su clientela. Cuanto más sana su clientela, menos ganancias para el médico. Consecuencia: el interés de un médico—á no ser que á más de médico sea un santo, coincidencia bien rara—estriba en que los enfermos no se curen ó tarden mucho en curarse, y en que los sanos que se imaginan enfermos continúen indefinidamente en el engaño.

Cierto que también los intereses de un médico pueden estar en relación directa con la salud de los pacientes. Este es el caso de los especialistas. Cuanto mejor cure un especialista, más numerosa será su clientela. Pero esta relación directa de intereses, sólo excita cuando un hombre, por su esfuerzo ó por sus dones naturales—como en la Cirugía—llega á ser una eminencia en la Medicina, y hay entre él y sus compañeros un positivo valor diferencial. Pero cuando un médico no rebasa el nivel de la medianía y su capacidad curativa es la capacidad media de sus compañeros, entonces sus intereses económicos están en relación opuesta con el grado de salud de sus enfermos. Pues si es un hombre de inteligencia media, incapaz de destacarse de entre la mayoría, y honradamente cura á los enfermos y tranquiliza á los sanos de sus temores imaginativos, esta conducta no aumentará su clientela y, en cambio, disminuirá sus ganancias.

Enfrente de este principio individualista, en el que el médico y el enfermo tienen intereses encontrados, se levanta el principio comunista, en el que la salud de la gente está en relación directa con los intereses de los médicos. El Seguro de Lloyd George se basa sobre el principio comunista. Existía anteriormente este principio en las Sociedades de Socorros mutuos. Pero con el nuevo seguro nacional, el principio se extiende á todas las clases pobres. Consiste en esto. Una Sociedad de Socorros mutuos, por ejemplo, abona á un médico un tanto por cada uno de sus socios. Si rio se enferma ningún socio, tanto mejor para el médico, pues así cobra sin trabajar. Su labor, en este caso, es fundamentalmente preventiva, como la de la Policía respecto del orden. Pero si se enferman muchos socios, el médico cobra igual y su trabajo crece. En consecuencia, el interés del médico consistirá en que no haya enfermos, en curar pronto á los que existen y en desengañar de sus invenciones á los sanos. Aquí, pues, la salud pública está en idéntica relación que la economía de la clase media.

Pero los médicos han vivido acostumbrados á los efectos oscilantes del principio individualista. Siendo su móvil central, como el móvil de casi todas las profesiones, el deseo de acumular la máxima suma de dinero posible, la acción de los médicos se hallaba en conflicto con la salud pública. (Ya hemos dicho que de esta regla general deben exceptuarse los médicos santos y los médicos genios). La salud pública era lo accesorio y sus estipendios—mejor cuanto más altos—lo substancial. Por contra, el ensanchamiento del principio comunista, según el cual las ganancias no serán fluctuantes, sino fijas, y la codicia médica no podrá ser satisfecha ilimitadamente á expensas de la salud de los ciudadanos.

Sin hipérbole se puede decir que el problema de los médicos, en su relación con los enfermos, es uno de los más graves problemas sociales. Causa espanto pensar en el número de enfermos que no se curan, pudiendo curarse; de enfermos cuyos sufrimientos se prolongan cruelmente más de lo necesario; de enfermos que, desesperanzados de todos los tratamientos personales, se refugian desesperadamente en las medicinas patentadas, nocivas y fraudulentas, que aparecen entre los anuncios de los periódicos; de sanos con la imaginación enferma, á quienes una palabra autorizada devolvería el reposo interno; se subleva uno de indignación cuando medita en la cantidad de dolor humano que podría evitarse destruyendo el principio individualista de la práctica curativa.

La solución está en socializar la clase médica. Este Seguro de Lloyd George es un paso en ese sentido. Mediante él se evitará que las clases pobres sean explotadas por médicos sin conciencia. Pero es menester que el principio comunista se extienda á las otras clases sociales, hasta el punto de que un médico esté siempre al servicio de la salud de todo ciudadano, pobre ó rico, del mismo modo que un guardia público está al servicio de su seguridad personal.

Bernard Shaw, que ha defendido esta doctrina en el extenso prólogo de su comedia *El dilema de los doctores,* ha escrito estas acerbas palabras, que indudablemente envuelven un gran fundamento de verdad: «La solución social del problema médico depende de esa gran integración de la sociedad, que avanza lentamente, y á la que se resiste con aspereza, llamada generalmente Socialismo. Hasta que la profesión médica se convierta en un Cuerpo de hombres ejercitados y pagados por el país para conservar la salud del país, será lo que es hasta ahora: una conspiración para explotar la credulidad humana y el humano sufrimiento.»

Por experiencia personal creo que la clase médica española es, tomada en conjunto, más escrupulosa que la inglesa, la cual ha caído en la degradación de una codicia repugnante entre hombres de ciencia. Pero, no obstante esto, todas las virtudes de nuestra clase médica no bastarían para invalidar las inmensas ventajas del principio de socialización de los médicos sobre el principio individualista que actualmente rige el tratamiento de nuestra salud.

LUIS ARAQUISTAIN.»

El Liberal - 5 Junio 1911.

De la pretensión intelectual como una enfermedad del presente

AL VENERABLE MAESTRO EL ILMO. SR. D. MIGUEL DE UNAMUNO, RECTOR DE LA UNIVERSIDAD DE SALAMANCA

Mi respetable amigo y venerable maestro: En las precedentes conferencias he insistido algo sobre un extremo de verdadero interés, hacia el que siento grandísima simpatía y sobre el que quiero ahora llamaros la atención.

Me refiero á la patología especial, á la patología de una clase, de un grupo, de una concreción social determinada.

El estudio sobre los signos profesionales, las estadísticas sobre los accidentes en el trabajo, las indicaciones hechas por algunos psiquiatras acerca de los estigmas de algunos locos, delincuentes y anómalos, suministran un caudal muy aprovechable para esa patología determinada, reducida á un grupo social cualquiera, y evidencian muy de veras su realidad.

Hay seguramente una patología para las clases, como la hay para las profesiones.

Si me permite usted expresar con toda claridad mi pensamiento, diré que no hay una patología normal, sino una serie de patologías especiales, que son como los obstáculos probables que han de salvarse en los diversos trazados de la vida humana.

Las individualidades están más acusadas de lo que parece y de lo que sospechamos nosotros.

En lo normal y corriente nos asemejamos menos de lo que puede creerse.

Yo he conocido, por ejemplo, varias personas mayores que han fallecido sin haber pasado el sarampión, y muchas más que podrían haberse hallado en igual caso de no haber vivido hasta el presente.

Como hombres, los hombres no se parecen los unos á los otros; se asemejan entre sí más bien por otras determinaciones que no estimamos como propias y exclusivas de su naturaleza.

Si hiciese falta confirmar esta aseveración, tan rara y extraordinaria para el vulgo, recordaría yo que las admiraciones que sentimos por ciertas manifestaciones de piedad, beneficencia, solidaridad social, fraternidad, etc., etc., atestiguan que no las esperamos, y que nos sorprenden muy de veras cuando suspendemos nuestra marcha para elogiarlas.

Las diferencias de color, sobre las cuales hemos establecido principalmente las nociones de raza, no tienen más que un valor momentáneo, de muy poca duración y consistencia. Los hombres no las guardan con todo rigor, y se confunden los unos con los otros. Si no fuera así, no habrían aparecido los mulatos en el mundo ni se habría podido conquistar ningún territorio. A cierta edad, esas diferencias pigmentarias se disimulan, se borran por completo, y un anciano de los Estados

Unidos, distinguido, correctísimo, pulcro, cuidadoso de su cuerpo, se puede confundir muy fácilmente con otro anciano piel-roja, del que tan distinto pareciera diez ó doce años antes. Un latino anciano y un anciano del Congo se pueden confundir del mismo modo; y no es raro, igualmente, no saber si un ruso de cincuenta años es realmente un ruso ó un amarillo que cuente la misma edad.

Lo que no podrá confundirse jamás en cualquier latitud y en cualquier edad de la vida, es un cura con un militar, ó un obrero con un juez, aunque se hallen todos ellos desprovistos de los signos más característicos que deban poseer por su profesión.

Un negro podrá parecerse á un blanco, á un amarillo, á un piel-roja. Todos estos hombres podrán ser confundidos y diputados como de otro color y de otra raza que á la que realmente pertenezcan; pero determinados en un grupo social, aunque puedan disimular su raza, no podrán disimular su oficio, ni promover confusión por la raza espiritual y por la clase á que se incluyan.

Debe de observarse, empero, que la individualidad que acusen se referirá en cualquier caso á la raza artificial, digámoslo así, que han escogido, y que en el orden psíquico les ocurrirá lo mismo que en el somático. Así como á cierta edad los tintes raziales se confunden en un «indefinible tinte humano», á cierta edad también todos los tintes raciales de las razas psíquicas en que pueden incluirse los hombres, se confunden en un tinte indefinible que se ofrece como el más definido y característico: el espíritu conservador de los ancianos.

A esa incierta edad, que denominamos cierta, todos los hombres son pieles-rojas por fuera y conservadores por dentro.

No se puede adivinar ni averiguar la raza en que han nacido por la generación de la carne, ni se puede adivinar ni averiguar en la que se han incluido por obra de su espíritu.

¿De qué color son esos hombres? ¿En qué raza voluntaria han vivido estos ancianos tan pesimistas, tan cautos, tan malignos, tan llenos de temor á los ladrones?

Semejantes hombres tienen que desaparecer por fuerza, y la naturaleza los sustrae del curso vital, como la lógica, que nos vemos obligados á vivir, nos lleva á postergarlos, á olvidarlos, por no poderlos reducir á ningún grupo.

La muerte y el olvido queda para los ancianos, como si fueran traidores á la causa que han asegurado seguir.

No se cuenta más que con los útiles, con los jóvenes, con los que constituyen razas, grupos, clases. Los mayores ya no son hombres.

La lucha de clases tiene verdadera y absoluta realidad, como creía Carlos Marx, aunque no sea tan despiadada y cruenta como se cree por sus discípulos y seguidores.

Lo que separa á los hombres, lo que les diferencia y distingue, no es el color, ni la talla, ni la conformación de su cuerpo, sino las determinaciones y disposiciones de su espíritu.

Un hombre se parece á otro por sus ideas políticas, por sus ideas sociales, por la profesión que ha escogido para sostener la lucha.

Hay más afinidad entre todos los socios de un casino, de un círculo ó de una academia que entre todos los chinos, entre todos los japoneses y entre todos los gallegos, que son en España los provincianos más asociados que se conocen y existen.

Las enfermedades de un grupo social establecen y fijan más detenidamente al grupo que las enfermedades generales á una raza cualquiera.

Un poeta que no mete de cuando en cuando un ripio en su obra, no es un verdadero poeta; como no será considerado nunca como un bueno y excelente albañil uno que se ofrezca con el traje de trabajo inmaculado é impecable. Un cura que no dude, un juez que no vacile, un pintor que no borre, un escritor que no tache, jamás podrán concebirse como arquetipos ni tipos de la profesión que han escogido.

Si no se quiere destruir ese concepto de unidad con que se ofrece la patología, entonces habrá que exponerla por estratos y capas sociales, reservando para las clases más retrasadas las alteraciones en los aparatos terminales de sentido y en la parte periférica del cuerpo, y consagrando de manera exclusiva la patología cerebral para las clases más cultas y superiores.

Esta segmentación de la ciencia es absolutamente imposible, porque no puede concebirse la patología como una estatua atacada por todas las dolencias de la especie. La idiotez se da, por lo general, entre las clases menos elevadas, y en las altas, en cambio, ciertas lesiones periféricas y terminales, como el cogerse los dedos con la puerta, son habituales y frecuentes.

Para la concepción estatuaria de la ciencia patológica tendríamos que demostrar que la idiotez es una lesión periférica del cerebro, y que el cogerse los dedos con la puerta ó caer en el garlito, constituyen dolencias íntimas y superiores, peculiares de los cerebrales más elevados.

Si se me quiere seguir en la exposición que me propongo, aunque luego se me suspenda por mi deficiencia en estudios superiores, fundamentales para realizar como se debe todo el programa, es menester que se me toleren algunos atrevimientos, sin cuya tolerancia tendría que concluir en este instante.

Las distinciones de raza, fundadas en caracteres físicos, y más propiamente en variaciones morfológicas, son elementales y engañosas, por descansar en puras apariencias. Los lectores de un periódico político, los suscriptores de un diario radical, constituyen una agrupación racial mucho más seria y compacta que los negros ó los semitas. Y de la misma manera, en un orden más restringido, no cabe duda que hay una unidad más compacta entre los que aceptan el ejercicio de una profesión liberal que entre los que se acogen á un proselitismo ampliamente basado sobre el color de la piel, la finura del cabello ó el acatamiento de un tabú jurídico ó de un precepto religioso. Los afeites y las modas, disfrazando y modificando la presentación física de los hombres, acotan y reducen las características de las razas. Pertenecemos á ellas contra nuestra voluntad y procuramos por todos los medios realizar un mestizaje, aproximándonos á un tipo medio que facilite la convivencia universal. En el fondo, siguiendo la corriente, lo que se hace es realizar un mimetismo necesario para proseguir la lucha, defendiéndonos de un ataque que, de no adoptar ese traje, seria tan inevitable como funesto. El gusano ha de remedar el peciolo de una hoja si no quiere ser devorado por un pájaro.

Podemos renegar de la raza, cambiarnos de color y separarnos del grupo que sin voluntad nos comprende. Lo que no podemos hacer es renunciar á cuanto libremente hemos escogido para emprender nuestra marcha. Una vez embarcados en el tren, habremos de pasar por todas las estaciones que nos lleven al punto de llegada, ó tirarnos por la ventanilla.

El individuo tiende naturalmente á separarse de su raza, á ponerse en una condición distinta, y por todos los medios procura realizar su propósito; pero sin prescindir nunca de lo que realmente constituye el carácter y los signos más manifiestos de un incluido en un grupo.

Al final de la emancipación racial aparece y revive todo el programa de la raza dejada y el uniforme profesional es un recuerdo inconsciente de una coloración olvidada. Un uniforme se convierte así en un pigmento provocado, para distinguirse y diferenciarse del resto y para reconocerse á la vez entre los demás agrupados.

La nueva raza á que se acoge el individuo, solicitada por él mismo, elegida tras previo y meditado examen, no podrá abandonarse jamás por el que haga los votos solemnes. El lazo es más poderoso y más fuerte que en el caso anterior, porque se ha puesto en la asociación la voluntad del hombre.

Un blanco, un negro, un amarillo, un piel-roja renegará de su raza, se excluirá de ella, pero jamás será eliminado de la misma, porque nadie podrá hacerlo. En la verdadera raza, en la casta, digamos la palabra que no queríamos decir, no hay tribunales de honor, porque no se ha escogido la raza de color como se escoge la profesional.

Una psicología de las razas voluntarias no cabe en los límites que me he trazado por ahora. Voy á limitarme á considerar sencillamente la raza más extraordinaria de esta clase, que es la que en la actualidad se coloca en primer término al trazar por sí misma la variación de las coloraciones artificiales distintiva entre los hombres: la raza intelectual.

Los individuos que se incluyen en esa coloración justifican su preeminencia por hacer de su vida un rendimiento constante en pro del desarrollo del espíritu y del cerebro. Está perfectamente bien.

A la raza intelectual, ó más brevemente, á la intelectualidad, pertenecen por voluntad los hombres más distinguidos de la especie y se incluyen en ella los sujetos tras un noviciado que, voluntariamente, acaba demasiado pronto en los canijos inteligentes. La posibilidad de un estado patológico comienza, pues, como en la vida corriente y normal, desde los primeros instantes. Hay individuos que intelectualmente se malogran como los niños é individuos que se encanijan, que adquieren padecimientos perdurables, deformaciones para toda su vida y propensiones para adquirir afecciones determinadas. El pigmento racial no es lo más característico de la intelectualidad, pues no hay uno determinado, aunque se sostenga por el vulgo que el descuido en el vestido y la palidez del semblante lo constituyen por regla general. El hecho es tan dudoso como la mancha circular que se ha creído observar en algunos malayos en la jurisdicción del coxis, en recuerdo de un apéndice que jamás han debido poseer. *Le royaume des queues* no ha sido nunca más que un cuento de Sénac de Meilhan, una ficción galante, más atrevida y tolerable que toda la producción de nuestro pervertidor de los jóvenes, el médico y novelista señor Trigo. Los químicos modernos tienen manos de vírgenes y de hadas, limpias, elegantes; y los poetas no llevan el pelo largo y las botas desgastadas y sucias, sino que se ofrecen pulcros, con el cabello planchado, zapatos de forma yanqui y el deseo de ser algo en el Instituto de Reformas Sociales.

La intelectualidad no tiene un pigmento determinado. El conde León Tolstoi se pigmentaba como un obrero manual, adornándose con una blusa, y el señor Pérez Galdós, el radical más embromado de nuestros escritores, traza sus epístolas antimonárquicas encasquetándose el símbolo del carlismo y del atraso: la boina.

Por un rasgo de regionalismo disculpable, se podrá renegar de semejante atribución concedida á la boina; pero el hecho es que se le ha otorgado tan desgraciada expresión en nuestros días, al fin de las tres guerras civiles que hemos padecido durante el siglo pasado.

Entrando francamente en el asunto que quiero tratar, voy á prescindir de todas las consideraciones que me alejen y aparten de mi propósito.

Del intelectualismo en sí no voy á fijarme en otra cosa que en sus semejanzas con cualquier padecimiento de los muchos que son objeto de estudio patológico.

El intelectualismo es una enfermedad, y una enfermedad grave, superaguda, si es que puedo emplear esta palabra para indicar lo superlativo del mal. Es una enfermedad que pertenece á la patología de una raza artificial ó voluntariamente escogida, como he manifestado ya.

Siguiendo el método monográfico y experimental, he estudiado esta dolencia desde hace algunos años, y poseo en la actualidad sesenta y siete historias clínicas, que tengo catalogadas como las fichas de un registro de policía. He conocido y tratado personalmente á todos mis enfermos y he procurado aliviarlos en ocasiones—dos muy notables, por cierto—, pero sin lograr éxito alguno por la imposibilidad de aislar á los pacientes. Como me reservo para más adelante, cuando haya un Congreso de Lógica normal y patológica, la publicación de esas historias clínicas, me limito ahora á efectuar una primera vendimia, que diría Bacon, y á ofrecer al público un ensayo ó programa de lo que será mi aplazado estudio.

La revelación de la dolencia no la debí á ninguno de mis enfermos historiados. Mis lecturas de los críticos ingleses, y principalmente de las obras de Sainte-Beuve, Taine, Remy de Gourmont y de otros críticos de la vecina República—como decíamos antes de establecerse esa forma de Gobierno en Portugal—, me revelaron el mal con toda su extensión. La realidad, no ha hecho para mí otra cosa que aproximarme los casos que yo había previsto por las lecturas de los grandes clínicos.

El individualismo es, como todos los *ismos,* la sublimación de un delirio sistemático, que por llenar como ningún otro la más alta necesidad del enfermo, se deja entrar en el cuerpo.

El alcoholismo, para tomar un ejemplo conocido, es una sublimación del alcohol, con la que espera el alcohólico, no sólo humedecer la garganta, sentir un buen gusto, adquirir un placer, sino aumentar su fuerza, nutrirse, proveerse de cultura, sabiduría, inspiración, bienestar y hasta decencia. Todo tiene que tener unos grados de alcohol para el alcohólico: la virtud, la justicia, el honor, el arte, la ciencia misma, la moral, en fin. El intelectualizado, análogamente, no ve más que intelectualidad por todas partes, y en todos los actos que estima como mejores y más perfectos realizados por él. Todo es intelectualidad: la virtud, la justicia, el honor, el arte, la ciencia misma, y la moral, en fin.

La situación inicial de uno y otro enfermo es igual á la de un jugador de oficio que acepta una jugada de suerte como palabra de honor del Destino para ser siempre atendido por la Fortuna, y se impone é impone á los demás la continuidad de la jugada con cualquier carta que salga. Es como si se dijera por un alcohólico, y como realmente se lo dice: «Me ha gustado el alcohol; pues bebamos alcohol.»

Se trata de una pretensión estatuida por la generalización de un solo y único experimento.

En realidad de verdad, todo se funda sobre un verdadero principio, sobre un primer acto: el primero que se efectúa. Un alcohólico no es alcohólico, ni ha llegado á serlo por la copa número tantos, que llegó á embriagarle. Es alcohólico y se ha hecho alcohólico únicamente por la copa número uno, por la primera con que dió principio á su enfermedad, bebiéndola como néctar, como un pedazo de cielo, como un trozo de gloria, como si se bebiera todo lo que puede beberse haciendo potables todas las cosas del mundo. Es una perversión eucarística, en la que no sólo se cree recibir la sangre de un dios, sino todo lo que puede desearse. Todas las embriagueces posteriores de un alcohólico tienen por madre una embriaguez ante-alcohólica, provocada por una mala inteligencia frente á la primera copa que ha parecido embriagarle.

El intelectualismo es también una embriaguez y tiene, considerado como tal, todos los caracteres que podemos observar en el alcoholismo más definido.

La enfermedad se inicia del mismo modo: ingiriendo una substancia útil que se pondera, amplifica y exalta, después de la recepción con mala inteligencia. Un corredor de comercio, inglés de nación, que conocí en Valencia, y que pertenecía al famoso *Ejército de Salvación,* me aseguraba que la mayoría de los borrachos no habían contraído su vicio por haber bebido con exceso en una comida, sino por haber bebido en una ocasión distinta, inoportunamente. La intelectualidad no surge como padecimiento ó enfermedad adquirida en los colegios, en las universidades ó en los centros docentes; es un padecimiento vicioso que, como todos los de esa índole, no se deben á la herencia, sino á la libre adquisición personal del enfermo. Una lectura con mala disposición equivale en esta parte á la mala inteligencia del bebedor que se hace alcohólico. El valor y el alcance que tiene la enseñanza gradual en los jóvenes es que constituye una verdadera higiene pedagógica, una propedéutica necesaria para la mejor cultura del individuo. La mayor parte de los majaderos que tratamos son personas mal informadas, entes precipitados que se creen en el remate de las cosas, porque han subido á una cumbre ó se han asomado al balcón de su casa.

Habría de ofrecerle á usted, mi buenísimo amigo, unas páginas tan áridas como las de la *Psicología del socialista-anarquista,* de Hamon, si expusiera ante sus ojos las sesenta y siete observaciones que me han llevado al conocimiento de esta horrible enfermedad del presente. Le indulto de tan penoso trabajo, y le refiero en extracto lo que esas observaciones manifiestan.

Por lo que se refiere á los orígenes del padecimiento, estas fichas testifican una falta de humanidad en los pacientes, que no sospechamos en su trato. La predisposición al intelectualismo la llevan todos los pacientes en la ampliación de su personalidad, significada al salir de las cátedras por una disparidad de criterio con el predominante y obedecido en el seno de la familia. La rebelión no pasa, en algunos casos, de tomar pequeñas proporciones: fugas del hogar paterno (fichas 2,

7, 8, 39, 43, 62, 65), separación voluntaria de la familia (fichas 1,4, 12, 17, 18, 26, 28, 53, 55) y manifestaciones hostiles á los sentimientos religiosos de los padres, tutores ó encargados (fichas 11, 19, 24, 15, 60, 67).

Como atenuante del espíritu de rebelión en la mayoría de las ocasiones, se puede invocar la positiva superioridad cultural de los individuos sobre sus progenitores, muchas veces pequeños industriales, modestos empleados ó personas de condición muy inferior (fichas 1, 2, 39, 53, 55, 60, 67), que han cometido la estupidez de desplazarse socialmente en sus sucesores, contribuyendo al horroroso incremento del proletariado de bachilleres y á la ruina de industrias y actividades que podían haber prosperado en manos de esos miserables, llenos de inoportuna cultura.

La significación egoísta se presenta, sin excepción alguna, en todos los casos estudiados con verdadera polipompa y abundancia. Y la prodigalidad que se observa invariablemente en nuestros enfermos, no es la imprevisión y el derroche de los verdaderos pródigos, sino el convencimiento pleno de que el resto de los mortales ha de contribuir por fuerza á lo que podríamos llamar los «gastos de representación» del intelectual, que en último término se arbitran por la estafa y el timo.

El profesor Salillas llama á estas formas del delito novelescas, creyendo cándidamente que la delincuencia llega á tomar formas artísticas, porque desconoce que son manifestaciones naturales de delincuentes cultos. La obra novelesca de Mme. Humbert, ó la de cualquier maestro en quiebras, no es una forma evolutiva del delito, sino la expresión natural del saber y la cultura del delincuente. Si en vez de hacer una cosa mala hubieran hecho esos individuos una cosa buena, afectaría su obra una apariencia artística y epopéica. Es un hecho que las personas inteligentes, no sólo lloran con gran oportunidad, sino que saben llorar mucho mejor que los imbéciles y vulgares.

El intelectualismo no se produce tampoco en cualquier momento. Se ofrece por lo común en la edad crítica de la razón; en aquella en que están gustándose los calostros del saber. La condición moral de la familia influye sobremanera en la aparición de la dolencia. Así, la protesta contra la inmoralidad familiar se da en muchísimos casos (fichas 1, 3, 7, 8, 9, 11, 12, 13, 20, 23, 24, 25, 26, 40,43,47, 48, etc., etc.); en más de la mitad. Las nociones morales, que por fuerza ha de recibir el individuo, reobran sobre el medio familiar en que vive, y de la comparación de conductas nace un estado de pensamiento que constituye como un enquistamiento en los primeros momentos, y que luego se deshace. El estado capsular dura en muchos individuos algún tiempo por la inatención seria de la vida ó por el respeto forzoso á los mayores. Un período de timidez y de virtud ha tenido que existir con antelación en la vida de todo rebelde y de todo vicioso. Un borracho no se embriaga: repite.

El período de timidez es el período de incubación de la dolencia. Sobre este período, cuya duración puede ser excesiva en algunos casos, en las observaciones recogidas hay una indicación curiosísima por demás. En todos los individuos caracterizados de timidez aparece como un signo perpetuo la fimosis (fichas 1, 2, 5, 7, 19, 34, 35, 37, 38, 41, 63), fimosis ingénita, que no se ha conservado por la castidad de los pacientes, sino por todo lo contrario (fichas 1, 2, 5, 13, 38, 63), en la generalidad en los enfermos.

Yo no sé si la circuncisión la practicarán los pueblos semitas y algunos centro-africanos, para lograr hombres animosos y decididos; pero creo que podría recomendarse para este fin, según lo que enseñan mis observaciones. Es un punto de gran interés sobre el que poseo excelentes materiales.

La fimosis ha determinado desde luego en muchísimos pacientes de los observados (fichas 1, 2, 5, 13, 34, 38, 41, 63) la prolongación del estado capsular y de recogimiento, que ha constituido así, por decirlo con una imagen justa, como la superabundancia de presiones para dar más fuerza á la expansión definitiva. Considerada por los enfermos como un vergonzoso defecto, «tan doloroso y terrible como el ser jorobado ó manco», dice un ingenuo y excelente sujeto (ficha 19), ha contribuido á agriar el carácter y á ofrecer como un individuo raro y extravagante al recogido paciente.

La creencia personal en ser un caso único y sin par, es el resultado de los caracteres precedentes, sobre los que se fundan y cristalizan toda la concepción mental y la norma de conducta de nuestros enfermos. Ernesto Renán, que estuvo gravemente atacado de intelectualismo, nos ha dejado una magnífica confesión y corroboración de lo expuesto, cuando dice en algún sitio, no lo recuerdo ahora, pero es cierta la cita: «Las tristezas de nuestros primeros años duran toda nuestra vida.» Creo que es en los *Recuerdos de mi infancia y juventud*.

Al intelectual en funciones, le acompaña por lo menos una gran parte de los caracteres adquiridos por estar enfermo: la mala condición moral de su familia, que perdura siempre; la timidez pasada y el imperativo de dominio, que por la inevitable debilidad física busca salida en un imperativo de comprensión y de información, es un terrible supuesto que denuncia su enfermedad.

Esta es, en síntesis, mi respetable amigo, la conciencia práctica que he logrado sacar de mi examen de la enfermedad imperante que padecen no pocos jóvenes, bastantes viejos y no pocos individuos de incierta é indeterminada edad.

Yo no concluyo nada, porque toda conclusión sería precipitada, queriéndola generalizar sobre los casos que conozco, y que mi diligencia han puesto en mi mano. Cuatro de los sesenta y siete sujetos han fallecido; los restantes viven y les oigo hablar y escribir de muchas cosas que no pueden ni podrán hacer en su vida. Diseminados, establecidos en varias partes de la península y del extranjero, se han dado á conocer á la conciencia pública, y ante ella aparecen como unos románticos de la cabeza, que en vez de beber vinagre, ingieren malas lecturas, como unos presuntuosos de riqueza que partieren sus monedas para creerse que tenían doble fortuna. Mr. Julio Gautier ha estudiado en Francia la variedad genuinamente francesa de esta dolencia, bajo el nombre de bovarismo, que ha definido como «la facultad conferida al hombre de imaginarse otro del que es.»

El mal aquí es otro.

—Yo quisiera ser como Kant—me decía una vez un individuo.

—Muy bien; ¿pero qué valdría el nombre de Kant y la vida de Kant? Habría que matarlo para siempre.

—Es verdad—me contestaba, meditándolo...—Habrá que dejarlo vivir—añadió sonriente y preocupado.

—Si, hombre. ¿A quién quisiera usted parecerse entonces?

Debiéndole á usted muchas cosas, y teniéndole que decir más, soy como siempre un buen amigo que muy de veras le quiere,

Rafael Urbano.

Madrid, Julio, 1911.

FIN

Notas

1 Después de estas lineas, á principios de 1911, ha llegado al ministerio de Instrucción el Dr. Amalio Jimeno.

2 El Dr. Francos-Rodriguez.

3 El Dr. Madrazo.

4 *Los tres viejos grises,* conferencia dada por F. García Sanchíz el día 5 en el Ateneo de Madrid.

5 Un señor ingeniero, D. Luis Galiart, proponía en la interesante revista madrileña *Alrededor del Mundo,* pocos días después de esta indicación (28 de Diciembre, número 604), que se estableciese el uso de bastones coloreados entre las diversas profesiones, para que se reconociesen en la calle. Aspiremos á ello, Sr. Galiart, pero que no suceda nunca.

6 Sobre el pago á los médicos, véase en el *Apéndice primero* lo que propone Lloyd George.

7 Véase el *Apéndice II.*

Printed in Great Britain
by Amazon

36639079R10035